U0152319

《易洞林》校注

【晉】郭璞 原著

虎易 校注

心一堂易學術數古籍整理叢刊

京氏易六親占法古籍校注系列

Sunyata

書名：《易洞林》校注

系列：心一堂易學術數古籍整理叢刊　京氏易六親占法古籍校注系列

【晉】　郭璞　原著

　　　　　虎易　校注

編輯：陳劍聰

出版：心一堂有限公司

通訊地址：香港九龍旺角彌敦道610號荷李活商業中心十八樓05-06室

深港讀者服務中心：中國深圳市羅湖區立新路六號羅湖商業大廈

負一層008室

電話號碼：(852)90277110

網址：publish.sunyata.cc

電郵：sunyatabook@gmail.com

網店：http://book.sunyata.cc

淘宝店地址：https://shop.sunyata.taobao.com

微店地址：https://weidian.com/s/1212826297

臉書：https://www.facebook.com/sunyatabook

讀者論壇：http://bbs.sunyata.cc

版次：二零一九年十二月初版

平裝

定價：港幣　八十八元正

　　　新台幣　三百九十八元正

國際書號　978-988-8583-04-1

版權所有　翻印必究

香港發行：香港聯合書刊物流有限公司

香港新界大埔汀麗路36號中華商務印刷大廈3樓

電話號碼：(852)2150-2100　傳真號碼：(852)2407-3062

電郵：info@suplogistics.com.hk

台灣發行：秀威資訊科技股份有限公司

地址：台灣台北市內湖區瑞光路七十六巷六十五號一樓

電話號碼：+886-2-2796-3638　傳真號碼：+886-2-2796-1377

網絡書店：www.bodbooks.com.tw

台灣秀威書店讀者服務中心：

地址：台灣台北市中山區松江路二〇九號1樓

電話號碼：+886-2-2518-0207

傳真號碼：+886-2-2518-0778

網址：www.govbooks.com.tw

中國大陸發行　零售：深圳心一堂文化傳播有限公司

地址：深圳市羅湖區立新路六號羅湖商業大廈負一層008室

電話號碼：(86)0755-82224934

心一堂微店二維碼

心一堂淘寶店二維碼

目錄

《京氏易六親占法古籍校注》總序（代自序）

中國古代的占卜預測，源遠流長，林林總總，類型繁多。例如：龜卜占、象占、星占、夢占、風角鳥占、拆字占、手面相占、奇門、六壬、太乙、四柱八字、六爻占、六親占、梅花易占、紫微占、雜占等各種術數占卜預測方法。據《漢書•藝文志》記載的各種術數占卜預測方法，就記錄有很多預測的占例。清代《欽定四庫全書》，將各種預測類的書籍，統歸於《子部•術數類》，因此，各種預測的方法，又可統稱為「術數」。「京氏易六親占法」，就是這些術數中的一個獨立的種類。

（一）

「京氏易六親占法」，是西漢•京房創立的一種預測方法，也是術數中的一種比較成熟的方法。據《漢書•眭兩夏侯京翼李傳》記載：「京房字君明，東郡頓丘人也」。治《易》，事梁人焦延壽」。又曰：「房本姓李，推律自定為京氏」。又曰：「其說長於災變，分六十四卦，更直日用事，以風雨寒溫為候，各有占驗。房用之尤精。好鐘律，知音聲」。

《漢書•儒林傳》曰：「京房受《易》梁人焦延壽。延壽云：『嘗從孟喜問《易》』。會喜

死，房以為延壽《易》即孟氏學，翟牧、白生不肯，皆曰非也。至成帝時，劉向校書，考《易》說，以為諸《易》家說皆祖田何、楊叔元、丁將軍，大誼略同，唯京氏為異，倘焦延壽獨得隱士之說，托之孟氏，不相與同。房以明災異得幸，為石顯所譖誅，自有傳。房授東海殷嘉、河東姚平、河南乘弘，皆為郎、博士。由是《易》有京氏之學」。「自武帝立《五經》博士，開弟子員，設科射策，勸以官祿」。「至元帝世，復立《京氏易》」。「京氏易」在漢代元帝時被立為博士，足以證明其學說，是當時具有很高學術地位和學術價值的。

《欽定四庫全書》提要記載：「《京氏易傳》三卷，漢‧京房撰、吳‧陸績注」。「績有易注，已著錄房所著有《易傳》三卷，《周易章句》十卷，《周易錯卦》十卷，《周易妖占》十二卷，《周易占事》十二卷，《周易守株》三卷，《周易混沌》四卷，《周易委化》四卷，《周易逆刺占災異》十二卷，《周易四時候》四卷，《周易飛候》九卷，又六卷《周易飛候》，《六日七分》八卷，《易傳積算法、集占條例》一卷。今惟《易傳》存」。從卷，《易傳積算法、集占條例》一卷。今惟《易傳》存」。從以上記錄可以知道，京房的著作，絕大多數都已經亡佚，唯有《京氏易傳》得以保存下來。

南宋‧晁公武（約1104—約1183年）《郡齋讀書志》曰：「景迂嘗曰：余自元豐壬戌偶脫去舉子事業，便有志學易，而輒好王氏。本妄以謂弼之外，當自有名象者，果得京氏傳。而文字顛倒舛訛，不可訓知。迨其服習甚久，漸有所窺，今三十有四年矣，乃能以其象數，辨正文字之舛謬。於邊郡山房寂寞之中，而私識之曰：是書兆《乾》《坤》之二象以成八卦，

凡八變而六十有四。於其往來升降之際，以觀消息盈虛於天地之元，而酬酢乎萬物之表者，炳然在目也」。從以上記錄可知，目前傳世的《京氏易傳》，是北宋·晁景迂經歷三十四年的研究後，重新編排整理成書的。

《火珠林》是目前存世的「京氏易六親占法」的第一本系統性著作，作者：麻衣道者。

古人認為，大約是唐末宋初的作品。宋人項世安（1129－1208）謂：「以京房考之，世所傳《火珠林》即其遺法，《火珠林》即交單重拆也」。張行成亦謂：「《火珠林》之用，祖於京房」。《朱子語類》曰：「卜卦之錢，用甲子起卦，始於京房」。又云：「今人以三錢當揲蓍，乃漢·焦贛、京房之學」。

唐宋以前的著作，記錄有「京氏易六親占法」線索的，惟有晉代郭璞的《郭氏洞林》了。

自《京氏易傳》、《火珠林》出，其後宋、元、明、清時期，又有《卜筮元龜》、《海底眼》、《天玄賦》、《黃金策》、《易林補遺》、《易隱》、《易冒》、《增刪卜易》、《卜筮正宗》等著作，以及《卜筮全書》、《斷易天機》、《易隱》等輯錄本著作面世，經歷代作者不斷實踐，注釋補充，使「京氏易六親占法」這種優秀的文化遺產，得以不斷傳承和完善。

為了讓讀者對「京氏易六親占法」系列古籍著作，有個初步的瞭解，下面我對選擇、注釋和整理的「京氏易六親占法」系列古籍著作，選擇的校錄版本及內容，做一個簡單的介紹，供讀者參考。

（二）

《京氏易傳》：

作者：漢・京房：（公元前77年—前37年。）據【明・兵部侍郎范欽訂】「天一閣」本，作為校錄底本，參考《漢魏叢書・明・新安程榮校》本，及《欽定四庫全書》，校注整理。字數大約4.1萬。

《京氏易傳》，是漢代・京房的著作，據《郡齋讀書志》晁公武曰：「漢《藝文志》易京氏凡三種，八十九篇。隋《經籍志》有《京氏章句》十卷，又有《占候》十種，七十三卷。唐《藝文志》有《京氏章句》十卷，而《易占候》存者五種，二十三卷。今其章句亡矣。乃略見於僧一行及李鼎祚之書。今傳者曰《京氏積算易傳》三卷，《雜占條例法》一卷，或共題《易傳》四卷，而名皆與古不同。今所謂《京氏易傳》者，或題曰《京氏積算易傳》者，疑隋、唐《志》之《錯卦》是也。《雜占條例法》者，疑唐《志》之《逆刺占災

異》是也。《錯卦》在隋七卷，唐八卷，所謂《積算》《雜》《逆刺占災異》十二卷是也。

至唐，《逆刺》三卷，而亡其八卷。元佑八年，高麗進書，有《京氏周易占》十卷，疑隨《周易占》十二卷是也。是古易家有書，而無傳者多矣。京氏之書，幸而與存者才十之一，尚何離夫師說邪」？目前京房的著作，繼續傳世的僅《京氏易傳》，其他著作均已亡佚。《京氏易傳》構建了「京氏易六親占法」的理論及體系框架，為該占法提供了理論上的依據。

《郭氏洞林》：

作者：晉•郭璞：（公元276年—324年）。元•胡一桂抄錄。據《欽定四庫全書•周易啟蒙翼傳•外篇》本，作為校錄底本，參考《欽定古今圖書集成》理學彙編經籍典•易經部•易學別傳十一•晉《郭璞洞林》，校注整理。字數大約0.8萬。

《郭氏洞林》是最早集錄郭璞卦例的著作，其收錄的卦例，對於後來的學者，研究郭璞的占法及其思路，是很好的原始資料，對於研究郭璞的易學思想和占法，具有一定的參考價值。

《周易洞林》：

作者：晉・郭璞：（公元276年—324年）。清・王謨輯。據清嘉慶3年王謨刻本，作為校錄底本，校注整理。字數大約1.4萬。

《周易洞林》在《郭氏洞林》的基礎上，又從其他古籍中，收錄了一些關於郭璞的卦例和事例，對於研究郭璞的思想和占法，具有一定的參考價值。

《易洞林》：

作者：晉・郭璞：（公元276年—324年）。清・馬國翰輯。據虛白廬藏娜嬛館補校本，即《玉函山房輯佚書》本，作為校錄底本，校注整理。字數大約2.4萬。

《易洞林》也是在《郭氏洞林》和《周易洞林》的基礎上，又從其他古籍中，收錄了一些關於郭璞的卦例和事例，對於研究郭璞的思想和占法，具有一定的參考價值。

《火珠林》：

作者：麻衣道者。相傳為唐末宋初時期的著作。據虛白廬藏《漢鏡齋秘書四種・火珠林》本，作為校錄底本，校注整理。字數大約5.9萬。

《火珠林》這本著作的問世，為「京氏易六親占法」的應用，提供了第一本系統的著

作。該著作對京氏易的體例進行了論述，也用一些占例，解說了「京氏易六親占法」的應用方法，對於研究「京氏易六親占法」，具有很高的學術價值。

《增注周易神應六親百章海底眼》，簡稱《增注海底眼》：

作者：王鼒；重編：何侁、信亨。南宋·淳佑（甲辰年·公元1244年）。據《續修四庫全書》一〇五五冊·子部·術數類《增注周易神應六親百章海底眼》本，作為校錄底本，參考「國家圖書館·古籍館」清代抄本，校注整理。字數大約2萬。

《增注海底眼》這本著作，著重論述了一些基本概念和知識，以及五行的對應方法和應用，並編制大量歌訣，幫助讀者理解和記憶。特別是對六親的概念，進行了重點論述，是「京氏易六親占法」體系中的一本重要著作。

《大易斷例卜筮元龜》，簡稱《卜筮元龜》：

作者：元·蕭吉文。元·大德十一年（丁未年·公元1307年）。據日本京都大學附屬圖書館《大易斷例卜筮元龜》手抄本上卷本，作為校錄底本，參考《斷易天機》輯錄資料，校注整理。字數大約9.5萬。

《卜筮元龜》這本著作，在國內基本已經失傳了，這次是根據日本京都大學附屬圖書館

《大易斷例卜筮元龜》手抄本，校對注釋整理的。該著作首次附入大量配圖，補充了「京氏易六親占法」應用的很多基礎知識和概念，並首次提出了「以錢代蓍法」的成卦方法，將「京氏易六親占法」占卜預測分門別類，作了進一步的細化，這也是「京氏易六親占法」體系中的一本重要著作。

《周易尚占》：

作者：元•李清庵。元•大德十一年（丁未年•公元1307年）。據《四庫全書存目叢書•子部•術數類•周易尚占》本，作為校錄底本，校注整理。字數大約4.2萬。

《周易尚占》這本著作，是與《卜筮元龜》為同一時期的作品，首次附入十幅配圖，補充了「京氏易六親占法」應用的一些基礎知識和概念，下卷有六十四卦納甲、世應等內容，並有六十四卦的詩歌斷例，具有一定的參考價值。

《新鍥纂集諸家全書大成斷易天機》，又稱為《增補鬼谷源流斷易天機》（寶善堂梓行），簡稱《斷易天機》：

作者：明•劉世傑。明•嘉靖十七年（戊戌年•公元1538年）。豫錦誠•徐紹錦校正；閩書林•鄭雲齋梓行本，作為校錄底本，參考《卜筮元龜》、《卜筮全書》等著作，校注整理。

字數大約39.6萬。

《斷易天機》這本著作的初版，在國內基本已經失傳了，這次是根據心一堂據日本傳本影印版校對注釋整理的。本書是「京氏易六親占法」的第二個匯輯本，收錄了此前「京氏易六親占法」各種著作，各種基礎知識理論和實踐方法內容，特別是首次出現了「鬼穀辨爻法」這種六親爻位的對應方法，為「京氏易六親占法」的應用，提供了預測分析的思路，擴展了預測分析的信息。這本著作，是「京氏易六親占法」系列古籍中的一本重要著作，對於研究「京氏易六親占法」傳承，具有很重要的研究和參考價值。

《易林補遺》：

作者：明•張世寶。萬曆三十四年（丙午年•公元1306年）。據《易林補遺》初版本，作為校錄底本，校注整理。字數大約14.5萬。

《易林補遺》這本著作，對「京氏易六親占法」以前各種著作的缺失，進行了一些補充。作者雖然是一個盲人，但不迷信於鬼神，根據當時社會上普遍存在的有病則求神問卜的現象，他主張有病應該找醫生治療，避免殘害生命以及造成錢財的浪費。他提出了「爻爻有伏有飛，伏無不用」的論述，把「飛伏」的應用方法，更加彰顯出來。並成功的將「反吟」、「伏吟」的概念，納入「京氏易六親占法」體系。

《卜筮全書》：

作者：明•姚際隆。崇禎三年（庚午年•公元1630年）。據《卜筮全書》初版本，作為校錄底本，校注整理。字數大約34.8萬。

《卜筮全書》這本著作，是「京氏易六親占法」的第一個匯輯本，首次正式納入了《天玄賦》這本著作。現存的書籍，是後來修訂的版本，首次正式納入了《黃金策》，對京氏易占法的理論和實踐體系，比較全面的進行了彙編，具有很重要的研究和參考價值。

《易隱》：

作者：明•曹九錫（明•天啟五年前後•公元1625年前後）。據「國家圖書館•古籍館」最早版本，作為校錄底本，參考清代多個版本，校注整理。字數大約21.3萬。

《易隱》這本著作，應該是「京氏易六親占法」的第三個匯輯本，書中引錄了大量古籍資料。特別是其中「身命占」和「家宅占」的內容，將預測分類更細，也為後來的學者，提供了一個細化分析的基本框架，具有重要的研究價值。

《易冒》：

作者：清•程良玉。清•康熙三年（甲辰年•公元1664年）。據江蘇巡撫採進本，作為校

錄底本，校注整理。字數大約12.7萬。

《易冒》這本著作，作者雖然也是一位盲人，但他對於很多基礎知識，進行追本求源，並對其來源及推演方法，進行了論述。對於各種成卦方式，他提出了自己的看法，對幫助讀者打破迷信，樹立客觀的思想，起到重要作用。本書在學術研究上，具有一定的價值。

《增刪卜易》：

作者：清·李文輝。清·康熙二十九年（庚午年·公元1690年）。據清·康熙年間古吳陳長卿刻本《增刪卜易》為底本，作為校錄底本，校注整理。字數大約25.2萬。

《增刪卜易》這本著作，對「京氏易六親占法」的應用，化繁為簡，提出採用指占之法，讓信息直接切入預測的核心。又提出分占之法，便於釐清不易辨別的問題，避免信息產生混淆。同時，還提出了多占之法，用以追蹤求測人所疑，查找產生問題的原因，尋找出解決問題的方法。當設計出解決問題的方法後，還可以檢驗其是否具有解決問題的功能。本書在學術研究上，具有一定的價值。

《卜筮正宗》：

作者：清·王洪緒。清·康熙四十八年（己丑年·公元1709年）。據清初刻本，作為校錄

底本，校注整理。字數大約21.8萬。

《卜筮正宗》這本著作，對《黃金策》的注釋部分，有自己獨特的見解。對當時社會上存在的一些問題，也做出了自己的回答。對十八個類型的問題，也進行了論述。不足之處，在於作者為了強求對應，篡改了《增刪卜易》一些卦例的原始內容，這些需要讀者注意的。

《御定卜筮精蘊》：

作者不詳，大約是清代的版本。據《故宮珍本叢刊》本，作為校錄底本，校注整理。字數大約7.5萬。

《御定卜筮精蘊》這本著作，是「京氏易六親占法」體例的一個精編本，大量內容都是從之前的古籍中來。作者去粗取精，去偽存真，也是具有一定研究價值的著作。

【編按：以上大部分版本，輯入《心一堂易學經典叢刊》或《心一堂術數古籍珍本叢刊》】

我為什麼要把這些古籍著作，定名為「京氏易六親占法」呢？既是為了給「京氏易」正名，也是為了統一學術稱謂，不至於與其他占卜方式混淆。

從上世紀八十年代後，社會上「大師輩出」，他們提出很多新奇的名詞，什麼「金錢占卦法」、「六爻預測法」、「新派六爻法」、「太極預測法」、「無極預測法」、「盲派六爻」、「道家六爻」、「道家換宮六爻」等等，不一而足。這其中以簡稱「六爻」者為多，因此，「六爻」這個名詞，就成為民間大眾對「京氏易六親占法」的俗稱了。他們還將「京氏易六親占法」體系預測方法，分成什麼「傳統派」，「新派」，「象法派」，「理法派」、「盲派」等等，在學術上造成了一些混亂。我認為，早期邵偉華先生用《周易預測學》之名，是為了避免當時意識形態影響的原因而採用的名稱，但之後出現的各種名稱，無非是為了標新立異，吸引讀者眼球，或是有欺騙讀者的廣告嫌疑。因此，現在已經到了必須為「京氏易六親占法」正名的時候了。

古人所稱的「六爻占」法，是採用卦爻辭和象辭進行預測的方法，如《新鍥纂集諸家全書大成斷易天機》第三、四卷，其中就有「六爻詩斷」的內容，讀者可以參閱。

《京氏易傳》是將六十四卦，分屬乾、震、坎、艮、坤、巽、離、兌八宮，一宮統八

（三）

卦。八宮所屬五行，乾、兌宮屬金，震、巽宮屬木，坎宮屬水，離宮屬火，坤、艮宮屬土。

每個卦所附「父母、官鬼、兄弟、子孫、妻財」等六親，是根據這個卦原來所屬之宮的五行，按「生我者為父母、我生者為子孫、尅我者為官鬼、我尅者為妻財、比和者為兄弟」的體例，推演得來的。預測時以六親類比事物的父，也稱為「用神」，「用父」，「用事父」等等，用來分析事物的吉凶發展趨勢。

《火珠林•序》曰：「繼自四聖人後，易卜以錢代蓍，法後天八宮卦，變以致用，實補前人未備之一端，見《京房易傳》，未詳始自何人。先賢云：『後天八宮卦，變六十四卦，即《火珠林》法』，則是書當為錢卜所宗仰也，特派衍支分，人爭著述，炫奇標異，原旨反晦。今得麻衣道者鈔本，反覆詳究。其論六親，財官輔助，合世應、日月、飛伏、動靜，並尅害、刑合、墓旺、空沖以定斷。與時傳易卜，同中有異，古法可參。如所云『卦定根源，六親為主，父究傍通，五行而取』，即《京君明海底眼》『不離元宮五向推』之旨也」。

《海底眼•六親》曰：「六親占法少人知，不離元宮五向推」。本書提出「六親占法」的概念，我認為是最能代表京氏易預測體系特徵的名稱，比之「納甲」和「六父」的說法，更為名實相符，客觀合理一些。。

基於京氏易預測體系的特徵，我認為，凡採用京氏易體系預測理論及方法，就應該稱為「京氏易六親占法」，或者稱為「京氏易六親預測法」，或簡稱為「六親占法」、「六親預

「測法」為宜。

《論語•子路》曰：「子曰：『必也正名乎』」，「名不正，則言不順；言不順，則事不成」。經歷了二十多年的混亂，現在是到了應該為「京氏易六親占法」正名的時候了。為什麼要為「京氏易六親占法」正名呢？只有名正，實符，稱謂統一，大家交流才會順暢，有共同語言，理解才不會產生歧義，進行學術的研究才能進入正軌。同時，也可以讓後來的學習者，不被社會上各種廣告性名詞所欺騙和誤導。

（四）

根據我在社會上和網絡上的多年學習和實踐觀察，發現目前在「京氏易六親占法」學習上，普遍存在著一些誤區，應該引起大家的注意。

一是由於國家對於術數，持比較低調的態度，出版的古籍由於選擇底版的不足，即使是正規出版的書籍，因編輯自身能力的原因，也存在太多錯誤，或者出現一些缺漏，影響了讀者的正常學習。加上這二十多年來，「大師」輩出，他們印刷了很多並非合法的資料，還有一些人，將一些資料東拼西湊成書，更是誤導了很多讀者。

二是有些人認為，「京氏易六親占法」不如「三式」準確，「三式」才是術數中最好，

最準確的。《四庫全書總目•術數二•六壬大全》：「六壬與遁甲、太乙，世謂之三式」。根據我和很多朋友的交流和實踐，我認為，術數無高低之分，只有學得好與不好之別，沒有任何一門術數可以稱為是最準確和最好的。讀者應該根據各自的興趣愛好，選擇適合自己學習種類。

三是有些人認為，只有找「大師」學習，得到所謂秘訣，才能學好用活。我們知道，早期由於歷史的原因，古籍資料獲得不易，大家尋求不到可以學習的資料，因此造成很多不明真相的後學，被一些「大師」矇騙錢財。我認為，學習任何術數，都沒有所謂的秘訣，只有基礎知識扎實，才是最好的秘訣。另外，在網絡上，很多群和聊天室，大多數人都還停留在猜謎語式的猜測中，不能客觀的運用「象數理占」的基本分析方法，去進行分析判斷，既可能誤導求測人，又對自己的學習無益，這樣的現象是不太正常的。我認為在現代社會，每個人都可以利用網絡，獲取各種資料信息，應該多讀一些書，多和不同的人去交流，利用網絡資源去學習，在實踐中去加深對理論和基礎知識的理解，要把每一個求測人都當作老師，從他們反饋的客觀信息，不斷有意識、有條理的訓練自己。只要不斷努力積累各種基礎知識以及社會常識，勤於記錄，多作積累，自然就能學得好、用得活。當然，如果有機會和條件的話，有老師指導學習，是可以少走一些彎路的。對於有自學能力的人來說，只要有精良的書籍版本，自學也是可以成功的。

四是有些人認為，「京氏易六親占法」預測，只有採用乾隆銅錢搖卦，才是最準確的。

據可考的古籍記載，我國最早的成卦方式，應該是「蓍草揲蓍」法，即分數蓍草，得數以成卦的方法。除此之外，後世的先賢們，還創造了多種成卦的方法，例如「以錢代蓍」，「風角」，「字畫」，「數字」等各種成卦方法，讀者可參考《梅花易數》及其他相關書籍，去瞭解這些應用方法。對於各種成卦方式，古今均有各種非議，即使是目前被大家認同的「以錢代蓍」法，據《易隱》記載，也曾經被京房之師焦延壽批評過。《易隱·以錢代蓍法》曰：「焦延壽曰：今人以蓍草難得，用金錢代之。法固簡易，非其類矣。求蓍之代者，太極丸其庶幾乎。考諸陰陽老少之數，則合。質諸成爻成卦之變，則符。合二三得五，是五行之數也。計一丸得十五，是河圖中宮十五之數，洛書縱橫十五之數也。刑同六合，道備三才，其矣。木丸之似蓍草也，則猶從其類也。金錢簡易云乎哉」。

現代的「大師」們，跟隨古代一些崇古的人，發展了這種崇古的思維。他們認為，乾隆銅錢具有良好的導電性，可以傳遞什麼古代信息，殘存信息，未來信息等等，因此只有採用乾隆銅錢成卦才是最好的，如果採用其他的銅錢成卦，就可能會造成信息不準確。還有人認為，只有採用乾隆銅錢成卦，信息量就大，用其他方式成卦，則會造成信息量不足。

我認為，以上這些說法，是十分滑稽可笑和荒謬的，沒有任何理論和實踐的依據。而只是出於他們崇古的思維，或限於他們自己僅會某種方法，或出於其他目的，或出於他們並沒

有真正理解《易經》「感而遂通」之理，均屬無稽之談，讀者不可盲目迷信。

《易冒‧自序》曰：「古之人，有以風占、鳥占、謅占、言語卜、威儀卜、政事卜，是無卜筮，而知吉凶也。況蓍草、金錢、木丸之占，而必執同異相非乎」？又曰：「愚以為：易者，象也；象也者，像也。其辭則異，其象則符。但告於蓍則以蓍占，告於五行則以五行占，告於焦氏則以焦氏占可也。其成卦成爻一也」。一個盲人，尚且具有如此見識，實可令以上非議之人汗顏。

我認為，時代在不斷變化，我們現在已經進入電腦手機時代，很多網上的排盤系統，都是十分快捷的方法。為人預測和給自己預測，不管採用何種方式成卦，都可以獲取與求測的人和事物相關的客觀信息。各種成卦方式的原理，不在於所謂「導電性」、「感知性」，而是在於《易傳》所說的「感而遂通」。其要點在於，求測人求測時的「一念之誠」，即客觀的說明需要預測的事物，不可雜亂。

五是有些人認為，預測的結果，吉凶應該就是唯一的。我們知道，人們預測的目的，就是為了「趨吉避凶」，不是僅僅需要知道一個所謂吉凶的結果，而是希望讓事物能夠向有利於自己的方向，得到改善和發展。這樣不是很矛盾嗎？既然吉凶的結果是唯一的，如何又能「趨吉避凶」呢？預測又有什麼意義呢？換言之，既然可以「趨吉避凶」，那吉凶結果就不可能是唯一的，是可以因人因事而發生改變的。以上兩種看法，看似悖論。

「京氏易六親占法」，給看似無序的天地和人事，架構了一個對應的坐標。利用這個坐標，我們就可以分析、判斷、選擇出有利於我們的為人處世方式。客觀的說，任何預測方法，任何人預測，都不可能和客觀的事物完全準確對應，總是存在有不對應的情況發生。大多數時候，求測人所需要面對的，是對於未來事物的發展，如何去選擇的取捨問題。因此，預測師要根據卦中顯示的信息，客觀的解讀，幫助求測人找到存在的問題，以及產生問題的原因，指導求測人改善不客觀的認識，尋找正確的方法，以達到「趨吉避凶」的目的。

《增刪卜易·趨避章》曰：「聖人作易，原令人趨吉避凶。若使吉不可趨，凶不可避，聖人作之何益？世人卜之何用」？

我們也必須知道，並不是所有的人和事物，都是可依主觀的變化而發生改變的。這是需要求測人能按照預測師的指導，自己首先認識，按照可以向好的方向轉化的方式，堅持努力調整，才可以達成事物向有利於自己的方向去發展的。如果求測人不能認識，即使知道問題所在，也不願意去努力調整，那麼事物就會沿著之前的方向運行下去。

我的看法，預測是對事物發展過程，發展趨勢的分析判斷，其預測結果也並非是唯一的，可因人、因事而發生改變。對於有些已經發生，或者處於事物運行過程末端，已經無法改變的事物，其結果可能就是唯一的。例如面臨高考，已經沒有時間改善，那麼，考試成績的結果就是唯一的。再如已經懷孕，測懷孕的是男是女，結果也必然是唯一的。對於有些還

未發生，或者正處於運行過程開始的事物，其結果可以因求測人的主觀變化和調整，而發生改變，其最後的結果，就並非是唯一的了。例如測以後的高考成績，則可以根據學生的客觀情況，指導其在生理、心理的調整，學習環境、學習方法的調整方面，做出有利的改善，幫助提高學習的成績。再如測找工作，可以根據客觀的信息，指導求測人在有利的時機、有利的方位去尋找，可以做到事半功倍。

六是有些人認為，應期要絕對的對應。我們在實踐中會經常發現，應期會出現早一些和晚一些的情況。究其原因，除了預測師的自身能力以外，還有一個不能忽視的原因，即時間和空間的不確定性。愛因斯坦的廣義相對論認為：「由於有物質的存在，空間和時間會發生彎曲，而引力場實際上是一個彎曲的時空」。因此，在時空發生彎曲的情況下，出現不能完全對應的情況，是客觀存在的，也是我們必須客觀面對的。

七是社會上出現的所謂「象法派」、「理法派」，看似新的流派。「象法派」重於象而輕於理，「理法派」重於理而輕於象，這兩者各有偏頗，偏廢一端，這都是不可取的。我們知道，「象數占」在京氏易預測分析中，是一個整體，不可偏廢。我們應該綜合應用「象數理占」的方法，整體思維，整體分析為宜。

（五）

我們學習古代的術數方法，一方面要傳承古人的優秀文化，另一方面更要挖掘古人的智慧和方法，要結合當時的時代特徵，擴展更加廣闊的應用領域。

一是要在繼承古代優秀文化的基礎上，善於吸取古人的智慧，充分挖掘古籍的信息。

有些已經發現的應用方法，例如元代著作《大易斷例卜筮元龜·占家內行人知在何處章》曰：「凡占行人在何處，子變印綬父母擬」，注釋曰：「以卦所生為爻。假令《困》卦，五月卦屬火，則丁未為子爻，戊寅為父母也」，這裡隱含的提出了轉換六親的概念。由於作者沒有清晰的注釋說明，六親轉換的內容比較含糊，以致很難被讀者發現和理解。《新鍥斷易天機》轉錄此內容為：「凡占行人在何處，子變應爻父母擬」，將原文的「印綬」兩字，錯錄為「應爻」兩字，導致讀者根本無法理解，以至於後來的著作，就沒有這樣的內容了，致使「轉換六親」的方法幾乎失傳。

我在校對整理這些古籍時，看到了這樣零星的材料，按照其原理進行還原，知道了這種轉換的方法。經過多年的應用實踐，我認為認識和掌握了這種轉換的方法，我們就可以從卦中，獲取與求測人相關的更多信息，甚至發現很多用常規方式，不可能發現的信息、隱蔽的信息。可以幫助我們，尋找影響求測人和事物關係的背後原因，便於更好的為求測人提供分

析和化解的有效服務。

幾種轉換六親的方式如下：

1、以世爻為「我」轉換六親。

2、以用神為「我」轉換六親。

3、以月卦身為「我」，進行轉換六親。

4、以卦中的任一爻為「我」轉換六親。

有些還沒有發現，或者古籍中還存在的隱藏線索，或者古人沒有說透的概念，例如納音的應用，也需要讀者，或者後來的學者，去不斷挖掘，不斷研究，不斷完善。

二是要在繼承的基礎上，將古人成熟的應用方法，歸納整理，擴展更寬的應用領域。

例如「象數理占」，這是京氏易預測的基本方法，所謂「象」，即事物基本的屬性具象。

簡單歸納如下：

一、卦宮象：如乾宮，坤宮象等。

二、內外象：如外卦主外、高、遠象；內卦主內、低矮、近象。

三、爻性象：如陽爻有剛象，陰爻有柔象。陽主過去象，陰主未來象等。

四、爻位象：如初爻元士，二爻大夫等象。初爻主腳，三爻主腹，六爻主頭等象。

五、五行象：如甲乙寅木屬木，丙丁巳午屬火等象。五行表示對應的時間、空間之象。

備，信息物品等象。

六、六親象：如父母爻主父母、長輩、文章、老師、論文、文憑、證件、證據、防護裝

七、六神象：如青龍主喜，主仁、酒色等象。

八、進退象：如寅化卯為進，卯化寅為退等象。

九、世應象：世為己，應為人；婚姻關係，合作關係等象。

十、卦名象：如「夬」有抉擇之象，「蠱」有內亂之象。

十一、卦辭象：如乾卦象曰：「天行健，君子以自強不息」等預示之象。

十二、爻辭象：如乾卦初九象曰：「潛龍勿用，陽在下也」等預示之象。

十三、納音象：如甲子乙丑海中金之類象。

十四、理象：如生尅制化，刑沖合害等象。

再如飛伏方法的應用，《易林補遺》曰：「爻爻有伏有飛，伏無不用」，但作者又認為

飛伏的應用，僅僅是「若卦內有用神，不居空陷，不必更取伏神。如六爻不見主象者，卻取

伏神推之」。

我們知道，伏神表示隱藏的信息。因此世爻下的伏神，是可以表示求測人的潛意識，或

者內心思維的。從伏神與飛神的關係，可以得知求測人自身的心理狀態。另外，如世下伏神

與應爻沖尅，也可以表示求測人與對方內心抵觸，或者言語衝突。

三是在學習的過程中，不能迷信古人，認為古人所論都是對的。要根據京氏易的基本原理和方法，不斷的創新思路，尋找更多更好的應用方法。

例如預測疾病，《天玄賦》論疾病曰：「決輕重存亡之兆，專察鬼爻。定金木水火之鄉，可分症候」，古人基本上是以官鬼爻去論病。

例如：癸巳年　壬戌月　辛亥日　丙申時，測疾病？

我們既要繼承古人一些好的理論方法和應用方式，但也不必象古人那樣，執定鬼爻為病，可以根據京氏易的基本原理，和基本方法去分析判斷。

此卦午火被亥子水剋，寅木雖然旺相但旬空，表示求測人身體存在氣血兩虛的現象。六爻寅木雖然有日令亥子水生合，內卦三合子水生，但遇旬空不受生，因此，會有頭暈的現象，這是由於腦供血不足造成的，還會有記憶力減退的現象。應該找醫生去檢查，及時治療和調整。這樣去分析，才能客觀對應求測人的客觀現象。

（六）

我出生於二十世紀五十年代，由於父親過早的去世，我勉強讀了個小學，後來由於文革，加上家庭生活困難，我也沒能繼續讀書。一九七零年，我還不滿十六歲，就開始參加工

時間：癸巳年　壬戌月　辛亥日　丙申時（日空：寅卯）
占事：測疾病？

	艮宮：艮為山（六沖）			巽宮：山雷頤（遊魂）	
六神	本　　卦			變　　卦	
騰蛇	官鬼丙寅木	▬▬▬	世	官鬼丙寅木	▬▬▬
勾陳	妻財丙子水	▬　▬		妻財丙子水	▬　▬
朱雀	兄弟丙戌土	▬　▬		兄弟丙戌土	▬　▬ 世
青龍	子孫丙申金	▬　▬	應 ○→	兄弟庚辰土	▬　▬
玄武	父母丙午火	▬　▬		官鬼庚寅木	▬　▬
白虎	兄弟丙辰土	▬　▬	╳→	妻財庚子水	▬▬▬ 應

作了，所以文化知識十分貧乏。進入八十年代，是中國社會開始發生大變革的時代，是人們知道文化知識貧乏，渴望讀書的時代，也是人們普遍感覺迷茫的時代，我生活於這個時代，也不可避免會產生對不可知的未來的困惑。

八十年代末期，隨著改革開放，《周易》慢慢也被解禁，國內開始了一個學習易學和術數預測的高潮。我也是這個時期，開始接觸到《易經》，從中體會到古人的一些智慧。邵偉華先生的《周易預測學》出版問世，我看到他在辦函授班，也參加了第二屆函授。後來，國家開始了搶救古籍的工作，出版了一批術數類古籍，我先後購買了這些書籍，開始進行自學。一九九三年，我得到《增刪卜易》這本著作，雖然此書編輯十分混亂，但還是引起我對「京氏易六親占法」的極大興趣。一九九五年，劉大鈞先生的《納甲筮法》出版，我從中深入瞭解到「京氏易六親占法」的基礎知識，然後長期實踐，深入研究和理解。一九九七年，我參加過山東大學周易研究中心舉辦的「首屆大易文化研討班」，這次也發了一本他們自己編寫的《增刪卜易》，對比我以前買的版本，好了很多。從此，我放棄了之前所學的其他術數方法，只對與「京氏易六親占法」相關的著作感興趣了。這個時期的自學，由於環境因素的影響，基本上是偷偷進行的。

九十年代後期，由於有了互聯網，我開始在網上和一些朋友討論和交流，在這個過程中，發現很多想學習的朋友，因為沒有資料，學習起來十分困難。基於這種情況，我開始用

手頭的資料，錄入整理成電子文本，供易友們學習。再後來，隨著互聯網的發展，網上資料的增多，我經過對照發現，現代出版的古籍，錯漏太多，同時，因為古籍生僻字太多，加上沒有注釋，很多後學的朋友感覺學起來不易，也為了我自己對這一門學術研究的需要，因此，觸發了我想把「京氏易六親占法」相關的古籍，重新校注整理的想法。

我和易友鼎升，本著「為往聖繼絕學，為後世傳經典」的基本精神，十幾年來，到處搜求，各處尋找，也得到很多易友的幫助，終於收集到一批古籍資料，我從中選取有傳承價值，以及有研究價值的十幾個古籍版本，進行校對注釋整理，經歷十多年的不懈努力，終於完成了這一工作。希望能為有志於傳承這一門學術的朋友，提供最原始的資料，也希望能讓後來的學者少走彎路。

在這套古籍著作的校注整理過程中，得到「鼎升」先生的很多具體指導，以及「冰天烈焰」、「犀角尖尖」、「天地一掌中」等網友提供的原版影印古籍資料，也得到「漢典論壇」等網絡上很多朋友的幫助，在此一併向他們致謝。書中有些注釋資料，來源於網絡，未能一一加以說明，也請原作者諒解。

雖然經歷了十幾年的多次校對，注釋，整理，但書稿中不可避免還會存在一些問題，希望能得到方家的指正，也希望得到讀者的批評，在有機會的情況下，再作進一步的修訂，不至於誤導讀者。

京氏易學愛好者　湖北省潛江市　周光虎

撰於己丑年夏至日　公曆2009年6月21日　星期日

2017年9月28日9時40分星期四　重新修訂

網名：虎易

《易洞林》校注

校注整理說明

《易洞林》三卷，《補遺》一卷，據心一堂出版《易洞林》（虛白廬藏娜嬛館補校本）底本，即《玉函山房輯佚書①》七十八卷錄入整理。

《易洞林》一書，並非郭璞原著版本，而是一個輯錄的版本，其內容來自《晉書·郭璞傳》、《郭氏洞林》、《太平御覽》、《太平廣記》、《說郛》《北堂書鈔》等著作收錄的一些片段。《易洞林》比《周易洞林》的收錄晚七十幾年，因此更增加了一些收錄內容。

在整理過程中，儘量採用原著原文進行對比，對於轉抄引用過程中出現的文字錯誤，以能查找到的更早的文獻，進行校正。

此稿重新標點、校對、注釋。說明如下：

一、原版沒有書名號、卦名號，現據其內容和文意補入。

二、原版沒有標點，今揣摩其文意，採用現代標點方式進行標點。然因自己學力所限，其標點未必盡能如意。不當之處，還望方家不吝指正。

三、對生僻字採用腳注標出，採用《漢典》現代漢語拼音注音，簡注字意。

四、原版文字因年代久遠，其涉及的地名，人物，專業術語複雜。因此，對古代地名、

五、在每個卦例下，採用「元亨利貞網－納甲六爻在綫排卦系統」，排卦附後。

人名或其他不易理解的概念，用脚注的方式加以說明，供讀者參考。

注釋

①《玉函山房輯佚書》：作者馬國翰（1794—1857），字詞溪，號竹吾，清道光十二年（1832年）恩科進士，曾任陝西敷城等縣知縣，後任隴州知州。《玉函山房輯佚書》分經、史、子三編，輯佚書594種，700多卷，幷於每種之首作了序錄。後附《目耕帖》一種，31卷，是馬國翰考訂經義的讀書札記。因馬國翰去世未能刊行。1870年，在丁寶楨協助下，濼源書院從馬國翰親屬處借出《玉函山房輯佚書》的書板，整理後分訂一百冊印刷行世。爲後世學術研究提供了珍貴資料。

初校稿完成於：2008年9月20日

二校稿完成於：2008年11月26日

三校注釋定稿：2009年1月6日

修訂注釋定稿：2014年6月20日

統一重校定稿：2019年6月30日

京氏易學愛好者　湖北省潛江市　虎易

心一堂版《易洞林》（虛白廬藏娜嬛館補校本），即《玉函山房輯佚書》七十八卷書影

易洞林卷上

晉 郭璞 撰

余鄉里曾遭危難因之災厲寇戎並作百姓遑遑靡
知所投時姑涉易義頗曉分蓍遂尋思貞筮鉤求攸
濟於是普卜郡內縣道可以逃死之處者皆遇明夷
三三之象乃投策喟然歎曰嗟乎黔黎時漂異類桑
梓之邦其爲魚乎於是潛命姻妮密友得數十家與
共流遁當由吳坂遇賊據之乃卻回從蒲坂而之河
北時草賊劉石又招集羣賊專爲掠害勢不可過於

娜嬛館補校

易洞林

1

是同行君子皆欲假道取便又未審所之乃令吾決

其去留卦遇同人䷌之革其林曰朱雀西北白虎

東走言离為朱雀兌為白虎姦猾銜璧敵人束手兌為乾

為玉王在口中故曰銜璧　占行得此是謂无咎余初為占尚未能

取定衆不見從卻退猗氏縣而賊遂至諸人邉窘方

計舊之從此至河北有一間徑名焦邱不通車乘惟

可輕步極險難過捕姦之藪勢危理迫不可復自

筮之如何得隨䷐之升䷭其林曰白虎在山石馬

過其左　兌虎震馬　駿為功曹猾為主　伏虎　互艮山石　猾能垂耳而

心一堂版《易洞林》（虛白廬藏婦嬽館補校本），即《玉函山房輯佚書》七十八卷書影

《易洞林》校注

晉·郭璞① 撰

據心一堂《易洞林》（虛白廬藏嫏嬛③館補校本），底本即《玉函山房輯佚書④》七十八卷

易洞林卷上

余鄉里⑤曾遭危難，因之災癘、寇戎並作⑥，百姓遑遑⑦，靡知⑧所投。時姑涉易義⑨，頗曉分蓍⑩，遂尋思貞筮⑪，鈎求攸濟⑫。於是，普卜郡內縣道可以逃死之處者，皆遇《明夷》之象：

時草賊劉石，又招集群賊，專爲掠害，勢不可過。於是，同行君子皆欲假道取便，又未

家，欲避地東南」。

而嘆曰：「嗟乎！黔黎將湮㉔於異類，桑梓其剪㉕爲龍荒乎！」於是潛結姻昵及交游數十

虎易按：《晉書•列傳第四十二•郭璞》曰：「惠懷之際㉒，河東㉓先擾。璞筮之，投策

姻妮密交⑱一，得數十家，與共流遁⑲。當由吳阪⑳，遇賊據之，乃却回從蒲阪㉑而之河北。

乃投策⑬喟然⑭嘆曰：「嗟乎⑮！黔黎⑯時漂異類，桑梓之邦⑰，其爲魚乎」？於是，潛命

《易洞林》引例：001
來源：《郭氏洞林》卦例：003
占事：卜郡內縣道可以逃死之處？
坎宮：地火明夷（遊魂）

本　　　　卦

父母癸酉金　▄▄　▄▄
兄弟癸亥水　▄▄　▄▄
官鬼癸丑土　▄▄　▄▄　　世
兄弟己亥水　▄▄▄▄▄▄
官鬼己丑土　▄▄▄▄▄▄
子孫己卯木　▄▄▄▄▄▄　　應

審所之㉖，乃令吾決其去留？卦遇《同人䷌》之《革䷰》：

《易洞林》引例：002
來源：《郭氏洞林》卦例：004
占事：令吾決其去留？

離宮：天火同人（歸魂）　　　　坎宮：澤火革

本　　卦　　　　　　　　　　**變　　卦**

子孫壬戌土 ▬▬▬▬▬　應 ○→　子孫丁未土 ▬▬　▬▬

妻財壬申金 ▬▬▬▬▬　　　　　妻財丁酉金 ▬▬▬▬▬

兄弟壬午火 ▬▬▬▬▬　　　　　官鬼丁亥水 ▬▬　▬▬　世

官鬼己亥水 ▬▬▬▬▬　世　　　官鬼己亥水 ▬▬▬▬▬

子孫己丑土 ▬▬　▬▬　　　　　子孫己丑土 ▬▬　▬▬

父母己卯木 ▬▬▬▬▬　　　　　父母己卯木 ▬▬▬▬▬　應

其林曰：朱雀西北，白虎東起⑯。離爲朱雀，兌爲白虎，言火能銷金之義。姦猾衝壁，敵人束手。兌爲口，乾爲玉，玉在口中，故曰衝壁。占行得此，是謂無咎㉗。

余初爲占，尚未能取定，衆不見從，却退猗氏㉘縣，而賊遂至。諸人遑窘㉙，方計舊之。從此至河北，有一間徑㉚名焦丘㉛，不通車乘，惟可輕步，極險難過，捕姦之藪㉛。然勢危理迫，不可得停㉓。復自筮之如何？得《隨䷐》之《升䷭》：

《易洞林》引例：003
來源：《郭氏洞林》卦例：005
占事：復自筮之如何？

伏神	震宮：澤雷隨（歸魂）本　卦	震宮：地風升變　卦
	妻財丁未土 ▬▬　▬▬ 應	官鬼癸酉金 ▬▬　▬▬
	官鬼丁酉金 ▬▬▬▬ ○→	父母癸亥水 ▬▬　▬▬
子孫庚午火	父母丁亥水 ▬▬▬▬ ○→	妻財癸丑土 ▬▬　▬▬ 世
	妻財庚辰土 ▬▬　▬▬ 世 ✕→	官鬼辛酉金 ▬▬▬▬
	兄弟庚寅木 ▬▬　▬▬ ✕→	父母辛亥水 ▬▬▬▬
	父母庚子水 ▬▬▬▬ ○→	妻財辛丑土 ▬▬　▬▬ 應

其林曰：虎在山石，馬過其左。兌虎、震馬，互艮山石。爰升虛邑③³，遂釋魏野。隨時制行，卦義也。駁猾能伏虎。垂耳而潛，不敢來下。兌虎去，不能見。駁³²爲功曹，猾爲主[者]。駁猾

《升》，賊不來，知無寇。當魏，則河北亦荒敗。

便以林義通示行人，說欲從此道之義，咸失色喪氣，無有贊者。或云：「林迫³⁴誤人，不可輕信」。吾知眾人阻貳³⁵，乃更申命³⁶，候一月契以禍機。約十餘家，即涉此徑。詣³⁷河北後，賊果攻猗氏，合城覆沒，靡有遺育³⁸。

胡一桂《周易⑤啓蒙翼傳・外篇》³⁹引《郭氏洞林》云：上卷之首。朱氏《經義考》⑩據胡氏引《隨》之《升》曰：「虎在山石，馬過其左，駁爲功曹，猾爲主者」。今本脫「者」字。

《易洞林》引例：004
來源：《郭氏洞林》卦例：006
占事：令余占可決？
坤宮：地天泰（六合）

本　　　卦

子孫癸酉金 ▬▬　▬▬	應
妻財癸亥水 ▬▬　▬▬	
兄弟癸丑土 ▬▬　▬▬	
兄弟甲辰土 ▬▬▬▬	世
官鬼甲寅木 ▬▬▬▬	
妻財甲子水 ▬▬▬▬	

昌邑㊶不靜，復南過潁㊷。由脈頭口渡，去三十里，所傳高賊屯駐，柵斷渡處，以要流人。時數百家，車千乘，不敢前，令余㊅占可決？得《泰☷☰》：

取⑨余卦。

吾為前驅，從者數十家，至敵⑦界，敵⑧已去。餘皆回避槽津渡，為賊所劫，人僅得在，悔不

欣然語眾曰：「群類避難，而得拔茅彙征⑨之卦，且《泰》者，通也，吉。又何疑」？

至淮南安豐縣⑭，諸人緬然懷悲，咸有歸志，令余卦決之。卜住安豐？得《既濟

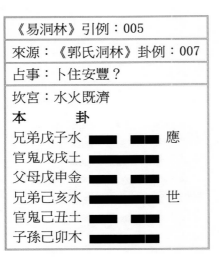

《易洞林》引例：005

來源：《郭氏洞林》卦例：007

占事：卜住安豐？

坎宮：水火既濟

本　　　卦

兄弟戊子水 ▬▬ ▬▬ 應

官鬼戊戌土 ▬▬▬▬▬

父母戊申金 ▬▬ ▬▬

兄弟己亥水 ▬▬▬▬▬ 世

官鬼己丑土 ▬▬ ▬▬

子孫己卯木 ▬▬▬▬▬

其林曰：小狐迄濟⑮，垂尾累衰。言垂渡而困。初雖偷安，終靡所依。案卦言之，秋吉春

悲。

《易洞林》引例：006
來源：《郭氏洞林》卦例：008
占事：卜詣壽春？
乾宮：天地否（六合）

本　　卦

父母壬戌土 ▅▅▅▅▅　應
兄弟壬申金 ▅▅▅▅▅
官鬼壬午火 ▅▅▅▅▅
妻財乙卯木 ▅▅　▅▅　世
官鬼乙巳火 ▅▅　▅▅
父母乙未土 ▅▅　▅▅

其林曰：乾坤蔽塞道消散，虎刑挾鬼法凶亂。十一月虎刑在午㊼爲鬼，鬼即賊。亂則何時時

建寅。火鬼生處。僵尸交林血流漂，火刑與鬼并。此占行者入塗炭。

《易洞林》引例：007
來源：《郭氏洞林》卦例：009
時間：己丑月戊午日[51]
占事：卜詣陽泉？

六神	本　　卦		變　　卦	
	兌宮：雷山小過（遊魂）		坤宮：坤爲地（六沖）	
朱雀	父母庚戌土		兄弟癸酉金	世
青龍	兄弟庚申金		子孫癸亥水	
玄武	官鬼庚午火	世 ○→	父母癸丑土	
白虎	兄弟丙申金	○→	妻財乙卯木	應
騰蛇	官鬼丙午火		官鬼乙巳火	
勾陳	父母丙辰土	應	父母乙未土	

卜詣松滋[48]不吉，卜詣合浦[49]又不吉。卜詣陽泉[50]，得《小過》䷽之《坤》䷁：

其林曰：《小過》之《坤》卦不奇，雖有旺氣變陽離。卜時立春，其氣變入坤中，氣廢。初

見勾陳被牽羈�52，暫過則可羈不宜。將見劫追事幾危，賴有龍德終無疵�53。十二月龍德在艮，凡

有月德終無患。

於是，諸計皆不可，伴人悉散，乃獨往陽泉。會壽春有事，周馥�54反，爲陽泉群凶所

迫，登時遑慮，卒無所至，乃至廬江�55。其春三月，諸家住安豐者爲賊所得，所謂春悲也。

松滋，合淝，殘夷�56更相攻，人無有全者。

虎易按：「會壽春有事，周馥反」，查《晉書•帝記第五》：「五年（按：指永嘉五

年，辛未年，公元311年。）春正月，戊寅（按：正月二十日。），安東將軍、琅邪王睿

使將軍甘卓攻鎮東將軍周馥於壽春，馥衆潰」。以此推知，此卦應是這個事件之前卜得。

其林曰：「初見勾陳被牽羈」，據六神起例：「甲乙起青龍，丙丁起朱雀，戊日起勾

陳，己日起騰蛇，庚辛起白虎，壬癸起玄武」，知其得卦爲戊日。查《三千五百年曆日

天象》資料考據：永嘉五年爲辛未年，即公元311年。正月庚寅小（指正月爲庚寅月，小

月。），朔日（初一）爲己未，三日辛酉立春。按以上資料推知其卜卦日，爲庚午年己丑五月

戊午日，即農曆的大年三十。此例前一注釋爲「卜時立春，其氣變入坤中，氣廢」。後一注

釋爲「十二月龍德在《艮》，凡有月德終無患」。從這兩段注釋看，這個卦也應該是還未交

立春節卜得，農曆還在十二月，與考據的資料也是吻合的。

《啓蒙翼傳・外篇》引云：「亦上卷」。

義興郡丞[57][十]仍叔寶，得傷寒疾，積日危困。令卦得《遯》 之 《姤》 ：

《易洞林》引例：008
來源：《郭氏洞林》卦例：010
時間：五月
占事：占傷寒疾病？

乾宮：天山遯	乾宮：天風姤
本　卦	**變　卦**
父母壬戌土 ▅▅▅▅▅	父母壬戌土 ▅▅▅▅▅
兄弟壬申金 ▅▅▅▅▅ 應	兄弟壬申金 ▅▅▅▅▅
官鬼壬午火 ▅▅▅▅▅	官鬼壬午火 ▅▅▅▅▅ 應
兄弟丙申金 ▅▅▅▅▅	兄弟辛酉金 ▅▅▅▅▅
官鬼丙午火 ▅▅　▅▅ 世 ✕→	子孫辛亥水 ▅▅▅▅▅
父母丙辰土 ▅▅　▅▅	父母辛丑土 ▅▅　▅▅ 世

其林曰：卦象出墓氣家囚，《艮》爲乾墓，世主丑，故⊕卜時五月，申金在囚。變身見絕鬼潛遊。身在丙午，夏入辛亥，在五月。爻墓充刑鬼煞俱，生戌爲鬼墓，而初六爲戌刑，刑在占，故言充刑。

五月，白虎在卯，與月煞并也⑰。卜病得此歸嵩丘㊽⑰。誰能救之坤上牛，以卜爻見㉔丑爲牛，丑爲子能

扶身，尅鬼之厭㊾，虎煞上令伏不動。若依子色吉之尤。巽主辛丑㊺，丑爲白虎，金色復徵，以和解鬼及㊻

虎煞，皆相制也。

案林，即令求白牛。而盧江荒僻，卒索不得。羊子玄⑰有一白牛，不肯借之。璞爲致

之，即日有大牛從西南來詣，途中仍留一宿，主人乃知，過將去。去之

後，復尋挽斷綱來臨叔寶，叔寶驚愕起，病得愈也。此即救禦㊿潛應，感而遂通。㊽

同上云：係上卷。徐堅《初學記》⑰《卷二十九》引云：「義興方叔保得傷寒垂死，令璞占

之，不吉。令求白牛厭之，求之不得。璞爲致之，即日有大白

牛從西來，逕往臨叔保，驚惶，病即愈」。《太平御覽•卷八百九十九》引同，惟無「羊子

玄」二句，此並脫「璞爲致之」句，據補。

丞相掾⑥²桓茂倫⑥³嫂病困，慮不能濟⑥⁴？令餘卦得《賁》之《豫》：

《易洞林》引例：009
來源：《郭氏洞林》卦例：011
時間：四月
占事：嫂病困，慮不能濟？

艮宮：山火賁（六合）	震宮：雷地豫（六合）
本　卦	**變　卦**
官鬼丙寅木 ▅▅▅▅▅ ○→	兄弟庚戌土 ▅▅　▅▅
妻財丙子水 ▅▅　▅▅	子孫庚申金 ▅▅　▅▅
兄弟丙戌土 ▅▅　▅▅ 應 ╳→	父母庚午火 ▅▅▅▅▅ 應
妻財己亥水 ▅▅▅▅▅ ○→	官鬼乙卯木 ▅▅　▅▅
兄弟己丑土 ▅▅　▅▅	父母乙巳火 ▅▅　▅▅
官鬼己卯木 ▅▅▅▅▅ 世 ○→	兄弟乙未土 ▅▅　▅▅ 世

其林曰：時陰在初卦失度，卜時四月，降陰在初，而見陽爻，此爲失度。殺陰爲刑鬼入墓。四

月殺陰在申，申爲木鬼，與殺陰并，又身爲卯，變入乙未，未是木墓。建未之月難得度，消息卦爻爲扶助。馮馬之師乃寡嫗㊿，馬午，午爲火㊾，馮亦馬，申爲殺陰，以火姓消之，巽爲寡婦。自然奇救宜殯㊻兔。兔屬卯，所謂破墓出身。子若恤之得守故。茂倫歸，求得兔，令嫂食之，便心痛不堪，於是病愈。

《周易啓蒙翼傳·外篇》引云：「在上卷」。

注釋

① 郭璞：字景純。(276～324)。河東聞喜（今山西省聞喜縣）人。晉元帝時爲著作佐郎。晉代學者，易學家、文學家、訓詁學家。他還是中國風水學鼻祖，所著有《葬經》傳世。參閱《晉書·列傳第四十二·郭璞》。

② 撰 (zhuàn)：寫作，纂集成整體。

③ 娜嬛 (láng qióng)：亦作「娜環」。神話中天帝藏書處，也常用作對藏書室的美稱。

④ 《玉函山房輯佚書》：作者馬國翰 (1794－1857)，字詞溪，號竹吾，清道光十二年 (1832 年) 恩科進士，曾任陝西敷城等縣知縣，後任隴州知州。《玉函山房輯佚書》分經、史、子三編，輯佚書 594 種，700 多卷，幷于每種之首作了序錄。後附《目耕帖》一種，31 卷，

是馬國翰考訂經義的讀書札記。因馬國翰去世未能刊行。1870年，在丁寶楨協助下，濼源書院從馬國翰親屬處借出《玉函山房輯佚書》的書板，整理後分訂一百冊印刷行世。爲後世學術研究提供了珍貴資料。

⑤ 余鄉里：指作者的家鄉河東聞喜（今山西省聞喜縣）。

⑥ 災癘（lì）、寇戎拼作：疾病、瘟疫、匪患、戰爭拼發。

⑦ 百姓遑遑（huáng）：百姓驚恐匆忙，心神不定。

⑧ 靡（mí）知：不知。

⑨ 時姑涉易義：此時因爲訓詁易學著作，涉及到易的本義和義理。

⑩ 分蓍（shì）：亦稱「揲蓍」，是分數蓍草，求數以成卦的一種方式。參閱宋•朱熹《周易本義•筮儀》。

⑪ 貞筮（shì）：即占筮。以蓍草揲蓍成卦的方式，卜問吉凶禍福。

⑫ 鈎求攸濟：搜索尋求救助和幫助。

⑬ 投策：猶抽籤。

⑭ 喟然：形容嘆氣的樣子。

⑮ 嗟（jiē）乎：表示感嘆。

⑯ 黔黎（qián lí）：黔首黎民。指老百姓。

⑰桑梓之邦：指故鄉。古代常在家屋旁栽種桑樹和梓樹。東漢以來一直以「桑梓」借指故鄉或鄉親父老。

⑱潛命姻妮密交：暗中秘密告訴近的姻親和最親近、要好的朋友。

⑲與共流遁：和大家一起共同流蕩逃遁。

⑳吳阪：古地名。即虞阪，在春秋虞國（今山西平陸縣）境內，又稱顛軨阪，鹽阪，道狹而險。

㉑蒲阪：邑名。東漢建武元年（25年）改蒲城為蒲阪縣，屬河東郡。今山西永濟西之黃河東岸的蒲州鎮。

㉒惠懷之際：指晉惠帝司馬衷與晉懷帝司馬熾政權交替之際（公元305-307年之間）。

㉓河東：古地區名。黃河流經山西省境，自北而南，故稱山西省境內黃河以東的地區為「河東」。

㉔湮（yān）：淹沒。

㉕翦（jiǎn）：殺戮。同「剪」字。

㉖未審所之：不知道所去的地方。

㉗無咎（jiù）：沒有禍殃；沒有罪過。《易·繫辭上》曰：「無咎者，善補過也」。

㉘猗（yī）氏縣：古代縣名。初置于西漢，屬河東郡，故治在今山西省臨猗縣南二十里鐵匠營村。

㉙ 遑窘（huáng jiǒng）：惶恐急迫。

㉚ 間徑（jìng）：偏僻的小路。

㉛ 藪（sǒu）：湖澤的通稱。也指水少而草木茂盛的湖澤，人或物聚集的地方。

㉜ 駮（bó）：傳說中的一種形似馬而能吃虎豹的野獸。

㉝ 爰（yuán）升虛邑（yì）：《易•升》：「九三：升虛邑」。象曰：「升虛邑，無所疑也」。

㉞ 迨（dài）：及，到。

㉟ 詣（yì）：前往，去到。

㊱ 阻貳（èr）：阻攔，懷有二心。

㊲ 申命：重申教命，再命。《易•巽》：「重巽以申命」。

㊳ 靡有遺育：指沒有能活著的人。

㊴《周易啓蒙翼傳•外篇》：指元•胡一桂撰《周易啓蒙翼傳•外篇》。胡一桂（1247-?），字庭芳，徽州婺源（今江西婺源）人。生而穎悟，好讀書，尤精于易學。南宋景定五年（1264年）十八歲時鄉薦禮部不第，退而講學于鄉里，遠近師之，號「雙湖先生」。其學源于其父胡方平，治朱熹易學。所著書有《周易本義附錄纂疏》、《本義啓蒙翼傳》、《珠子詩傳附錄纂疏》、《十七史纂》，幷行于世。參閱《元史•卷一百八十九•列傳第七十六•儒學一》。

㊵《經義考》：中國經學文獻的專科目錄。清朱彝尊撰，盧見曾編。朱彝尊（1629～1709）字錫鬯，號竹垞，浙江秀水（今嘉興）人。《經義考》是朱彝尊辭官以後據從前見聞，考察古今經學文獻，於 1695～1699 年間撰成的。

㊶昌邑：古代地名，今江蘇淮安。

㊷潁：大約也是地名，具體不詳。以其活動區域考，大約在今安徽省潁上縣。

㊸拔茅征吉：《易•泰》：「初九：拔茅茹，以其彙，征吉。象曰：拔茅征吉，志在外也」。

㊹淮南安豐縣：前 202 年劉邦滅項羽，統一天下，置安豐縣（治所在今河南固始縣東南），屬九江郡。光武帝建武十年（公元 34 年），屬廬江郡。魏文帝曹丕設安豐郡，安豐縣屬之。東晉時安豐郡之大部淪陷，僅存安豐一縣，遷于故安風縣城（今安徽省霍丘縣城關鎮許集村），劃歸戈陽郡。

㊺小狐迄（qì）濟：《易•未濟》曰：「未濟：亨，小狐汔濟，濡其尾，無攸利」。

㊻壽春：古稱壽春、壽陽、屢爲州、府、道、郡等治所。今安徽省壽縣。

㊼十一月虎刑在午：《京氏易傳》曰：「虎刑五月午，在《離》卦，右行」。

㊽松滋：晉室南渡後，「又於尋陽僑置松滋郡，遙隸揚州」。其具體位置不詳。參閱《晉書•志第四•地理上》。

㊾合肥：西晉屬淮南郡。現安徽省合肥市。

㊿ 陽泉：故城在今安徽霍丘縣西北九十裏。大約在今安徽省六安市壽縣正陽關鎮。

�51 己丑月戊午日：原文無此時間，據「初見勾陳被牽羈」和《三千五百年曆日天象》推知。

�52 羈（jī）：牽絆，羈絆。

�53 無疵（cī）：沒有毛病。

�54 周馥（fù）：晉孝懷帝時任鎮東將軍。參閱《晉書・帝記第五》及《晉書・列傳第三十一》。

�55 廬江：今安徽省廬江縣。

�56 殘夷：猶殘殺。

�57 義興郡丞：「以周玘創義討石冰，割吳興之陽羨幷長城縣之北鄉置義鄉、國山、臨津幷陽羨（今江蘇宜興市）四縣，又分丹陽之永世置平陵及永世，凡六縣，立義興郡，以表紀之功，幷屬揚州」。參閱《晉書・志第五・地理下》。郡丞為郡守的副貳。秦廢封建設郡縣，郡置守、丞、尉各一人。守治民，丞為佐。

㊳ 蒿（hāo）丘：指墳墓。

㊴ 厭（yā）：以迷信的方法，鎮服或驅避可能出現的災禍，或致災禍于人。

㊵ 救禦（yù）：阻止，防禦。

㊶ 《初學記》：唐代徐堅撰，共三十卷，分二十三部。本書取材於群經諸子、歷代詩賦

及唐初諸家作品，保存了很多古代典籍的零篇單句。此書的編撰原爲唐玄宗諸子作文時檢查事類之用，故名《初學記》。

⑥② 丞相掾 (yuan)：官職名稱。古代副官、佐吏通稱掾。

⑥③ 桓茂倫：即桓彝，字茂倫。參閱《晉書‧列傳第四十四》。

⑥④ 慮不能濟：謂病重垂危，擔心無救。

⑥⑤ 寡嫗 (guǎ yù)：老年的寡婦。

⑥⑥ 飧 (sūn)：晚上的飯食，熟食。

校勘記

一 「密交」，原本作「密友」，疑誤，據《周易啓蒙翼傳‧外篇‧郭氏洞林》原文改。

二 「東起」，原本作「東走」，疑誤，據《周易啓蒙翼傳‧外篇‧郭氏洞林》原文改。

三 「丘」，原本作「邱」，疑誤，據《周易啓蒙翼傳‧外篇‧郭氏洞林》原文改。

四 「得停」，原本脫漏，據《周易啓蒙翼傳‧外篇‧郭氏洞林》原文補入。

五 「周易」，原本作「易學」，疑誤，據《四庫全書‧周易啓蒙翼傳‧外篇》書名改作。

六 「余」，原本脫漏，據《周易啓蒙翼傳‧外篇‧郭氏洞林》原文補入。

後面所引書名同此，直接改作，不另一一說明。

〔一八〕「敵」，原本作「賊」，疑誤，據《周易啓蒙翼傳・外篇・郭氏洞林》原文改。

〔一九〕「取」，原本作「從」，疑誤，據《周易啓蒙翼傳・外篇・郭氏洞林》原文改。

〔一〇〕「義興郡丞」，原本作「義興郡丞相」，疑誤，據《周易啓蒙翼傳・外篇・郭氏洞林》原文改。

〔一一〕「故」，原本脫漏，據《周易啓蒙翼傳・外篇・郭氏洞林》原文補入。

〔一二〕「也」，原本脫漏，據《周易啓蒙翼傳・外篇・郭氏洞林》原文補入。

〔一三〕「丘」，原本作「邱」，疑誤，據《周易啓蒙翼傳・外篇・郭氏洞林》原文改。

〔一四〕「見」，原本脫漏，據《周易啓蒙翼傳・外篇・郭氏洞林》原文補入。

〔一五〕「巽主辛丑」，原本作「辛丑主巽初」，疑誤，據《周易啓蒙翼傳・外篇・郭氏洞林》原文改。

〔一六〕「及」，原本作「反」，疑誤，據《周易啓蒙翼傳・外篇・郭氏洞林》原文改。

〔一七〕「玄」，原本作「元」字，疑誤，據《初學記・卷二十九・獸部・牛第五》原文改。後文「元」字均依此改作，不另說明。

〔一八〕「此即救禦潛應，感而遂通」，原本脫漏，據《周易啓蒙翼傳・外篇・郭氏洞林》原文補入。

〔一九〕「火」，原本作「父」，疑誤，據《周易啓蒙翼傳・外篇・郭氏洞林》原文改。

心一堂易學術數古籍整理叢刊　京氏易六親占法古籍校注系列

䷒之䷚《頤》：

東中郎參軍①景緒病，經年不瘥②，在丹徒③遣其弟景歧來卦。六月癸酉日，得《臨

《易洞林》引例：010
來源：《郭氏洞林》卦例：012
時間：未月 癸酉日（旬空：戌亥）
占事：占兄弟病？

	坤宮：地澤臨			巽宮：山雷頤（遊魂）	
	本　卦			變　卦	
白虎	子孫癸酉金	✕→		官鬼丙寅木	
騰蛇	妻財癸亥水	應		妻財丙子水	
勾陳	兄弟癸丑土			兄弟丙戌土	世
朱雀	兄弟丁丑土			兄弟庚辰土	
青龍	官鬼丁卯木	世○→		官鬼庚寅木	
玄武	父母丁巳火			妻財庚子水	應

其林曰：卯與身世并，而扶天醫。六月天醫在卯。案卦，病法當食兔乃瘥。弟歸，捕獲一頭，食之果瘥。

《周易啟蒙翼傳•外篇》引次丞相掾節云：「此一則在中卷，皆卜病，皆以食兔愈病也」。

余至揚州從事④弘○泰言家時，坐有眾客，語余曰：「家適有祥，試爲卦，若得○吉者，當作二十人主人」。即爲卜之，遇《豫䷏》之《解䷧》：

《易洞林》引例：011	
來源：《郭氏洞林》卦例：013	
占事：家適有祥，試爲卦？	
震宮：雷地豫（六合）	震宮：雷水解
本　卦	**變　卦**
妻財庚戌土 ▬▬　▬▬	妻財庚戌土 ▬▬　▬▬
官鬼庚申金 ▬▬　▬▬	官鬼庚申金 ▬▬▬▬　應
子孫庚午火 ▬▬▬▬　應	子孫庚午火 ▬▬　▬▬
兄弟乙卯木 ▬▬　▬▬	子孫戊午火 ▬▬　▬▬
子孫乙巳火 ▬▬　▬▬　✕→	妻財戊辰土 ▬▬▬▬　世
妻財乙未土 ▬▬　▬▬　世	兄弟戊寅木 ▬▬　▬▬

其林曰：有釜之象無火形，不見《離》也。變見夜光連月精，《坎》爲月。潛龍在⑬中不游行。言蟠⑤者。案卦卜之澡盤鳴。金妖所憑無咎慶，澡盤非鳴，或有鳴者，其家至今無他。

宏泰言大駭云：「前夜月出，盥盤⑥忽鳴，中有蟠⑭龍象也」。

同上。

注釋

①中郎參軍：官名。中郎：秦置，漢沿用。擔任宮中護衛、侍從。屬郎中令。分五官、左、右三中郎署。各署長官稱中郎將，省稱中郎。參軍：東漢末始有「參某某軍事」的名義，謂參謀軍事。簡稱「參軍」。晉以後軍府和王國始置爲官員。

②經年不瘥（chài）：多年治不好病。

③丹徒：西晉武帝太康二年（281），廢毗陵典農校尉置昆陵郡，改其屬縣武進爲丹徒。

④從事：古代官職名。漢以後三公及州郡長官皆自辟僚屬，多以從事爲稱。

⑤蟠（pán）：屈曲，環繞，盤伏。

⑥盥（guàn）盤：古代承接盥洗弃水的器皿。

校勘記

〔一〕「弘」，原本作「宏」，疑誤，據《周易啓蒙翼傳・外篇・郭氏洞林》原文改。下同，不另注。

〔二〕「得」，原本作「爲」，疑誤，據《周易啓蒙翼傳・外篇・郭氏洞林》原文改。

〔三〕「在」，原本作「狂」，疑誤，據《周易啓蒙翼傳・外篇・郭氏洞林》原文改。

〔四〕「盤」，原本作「蟠」，疑誤，據《周易啓蒙翼傳・外篇・郭氏洞林》原文改。

易洞林卷下

歲在甲子正月中①，丞相②揚州令余卦安危諸事如何？得《咸》之《井》③：

《易洞林》引例：012
來源：《郭氏洞林》卦例：001
時間：甲子年　丙寅月
占事：丞相揚州令余卦安危諸事如何？

	兌宮：澤山咸		震宮：水風井	
伏神	本　卦		變　卦	
	父母丁未土 ▉▉　▉▉　應		子孫戊子水 ▉▉　▉▉	
	兄弟丁酉金 ▉▉▉▉▉		父母戊戌土 ▉▉▉▉▉　世	
	子孫丁亥水 ▉▉▉▉▉　○→		兄弟戊申金 ▉▉　▉▉	
	兄弟丙申金 ▉▉　▉▉　世		兄弟辛酉金 ▉▉▉▉▉	
妻財丁卯木	官鬼丙午火 ▉▉▉▉▉　×→		子孫辛亥水 ▉▉▉▉▉　應	
	父母丙辰土 ▉▉　▉▉		父母辛丑土 ▉▉　▉▉	

得《咸》之《井》③：

案卦：東北郡縣④有武名，地當有銅鐸六枚⑤，一枚有龍虎象，異祥。兌爲金，金有口舌。來達號令者，銅鐸也。山陵神氣出北㊀，則丞相創以令天下。見在丑地，則金墓也。起之以卦，爲推立之應。晉陵武進縣也。

又當犬與猪交者，狗變入居中，鬼與相連，其事審也。戌亥世應土勝水，二物相和合爲一體，此丞相雄有江東也。民當以水妖相警。歲在水位，而水爻復變成《坎》，當出大水之象，以此知其靈應。《巽》木成言，果又妖生二月，變爲鬼，戌土所尅，果無他。水乃金子，來扶其母，是亦丞相將興之象也。

西南郡縣有陽名者，井水當自沸。卦變入《井》內，丙㊁午變而犯升陽，故知井湧也。於分野，應在歷陽⑥。

虎來入州城寺。《兌》者虎，出山而入門闕⑦。正月戌爲天煞，即刺史⑧宅。虎屬寅，與月并而來㊂此大人將興之應。

東方當有蟹⑨鼠爲災，必食稻稼。有《離》，體眼相連之象。《艮》爲鼠，又煞陰在子，子亦鼠，而歲子來寅卯，故知東方有災。

又當以鵝，應翔爲瑞。鵝有象鳥，而爲微⑩以應象，出其相，其應將登其祚⑪也。

其年，晉陵郡㊃武進縣民陳龍，果於田中得銅鐸六枚。言六者，用坎數也。銅者，《咸》本家《兌》，故也。口有龍虎文，又得者名龍，益審。陳，土姓，金之用也；進者，

乃生金也。

丹徒縣⑫流民趙子康⑤，家有狗，與吳人豬相交。

其年六月，天連雨，百姓相驚。妖言云：「當有十丈水」，翕然駭動⑬，無幾自靜。又

眾人傳言：「延陵大陂中有龍，生草蓐⑭，復數里」。竟不知其信否。

其明年丑歲，九月中⑹，吳興⑮臨安縣⑯民陳嘉【闕】⑺親得石瑞。此祥氣之應也。

六月十五己未日未時，歷陽縣中井水沸湧，經日乃止。陰陽相感，各以其類，亦是金水

之應也。六月晦日⑰，虎來州城⑻浴井中，見覺便去。

其秋冬，吳諸郡皆有蟹鼠爲災。鼠爲子，子水蟹亦水物，皆金之子。

晉主初登阼⑱，五日，有群鵝之應。

此論一歲異事，略舉一卦之意。

惟不得臘中行刑，有血逆之變。將推之不精，亦自無徵，不登於卦乎。死者，晉陵令淳

于伯⑲也。

虎易按：此例記錄，與史書記錄差異太大。

安危諸事如何」？考《晉書‧列傳第四十二‧郭璞》曰：「歲在甲子正月中，丞相揚州令余卦

導令璞筮之，遇《咸》之《井》」。《晉書‧帝記第六‧元帝》曰：「永嘉初（公

⑳，導令璞筮之，遇《咸》之《井》」。《晉書‧帝記第六‧元帝》曰：「永嘉初（公

「時元帝（司馬睿）初鎮建鄴

元307年丁卯年。），用王導計，始鎮建鄴」。因此，這個時間應該在（公元307年丁卯年。）之後，不可能出現在「甲子年」。《晉書・帝紀第五》曰：「建興元年（公元313年，癸酉年）五月壬辰，以鎮東大將軍、琅邪王睿爲侍中、左丞相而令郭璞作卦，也只能是（公元313年，癸酉年）之後，也是不可能出現在甲子年的。「死者，晉陵令淳于伯也」。考《晉書・列傳第四十二・郭璞》曰：「璞上疏曰：……往建興四年（公元316年丙子年）十二月中，行丞相令史淳于伯刑於市，而血逆流長標」。這個記錄也只能是（公元316年丙子年）之後。

從上述考據資料看，本占例時間與史書記錄時間至少相差了十二年。據此可以認爲，《郭氏洞林》記錄的資料，或許是因爲傳抄錯亂，或者是後來的傳抄者補入的，當不是原著內容。

朱氏《經義考》引《豫》之《小過》：

《易洞林》引例：013
來源：《漢上易傳叢說》。

		震宮：雷地豫（六合）	兌宮：雷山小過（遊魂）
六神	伏神	本　卦	變　卦
朱雀		妻財庚戌土 ▅▅ ▅▅	妻財庚戌土 ▅▅ ▅▅
青龍		官鬼庚申金 ▅▅▅▅▅	官鬼庚申金 ▅▅▅▅▅
玄武		子孫庚午火 ▅▅▅▅▅ 應	子孫庚午火 ▅▅▅▅▅ 世
白虎		兄弟乙卯木 ▅▅ ▅▅ ✕→	官鬼丙申金 ▅▅ ▅▅
騰蛇		子孫乙巳火 ▅▅ ▅▅	子孫丙午火 ▅▅ ▅▅
勾陳	父母庚子水	妻財乙未土 ▅▅ ▅▅ 世	妻財丙辰土 ▅▅ ▅▅ 應

曰：「五月晦日，群魚來入州城寺舍」。與此條㉑舛異。

虎易按：《經義考》此條資料，來源於宋・朱震《漢上易傳叢說》，原文曰：

「《郭璞洞林》，得《豫》之《小過》曰：『五月晦日，群魚來入州城寺舍』。注以

乙未爲魚星，非也。《豫》艮爲門闕，震爲大塗，六三變九三，互有巽體，巽爲魚。

《豫》五月卦，坤爲晦日」。

攝提之歲㉒，晉王將即阼㉓。太歲在寅，爲攝提格。余自通占國家㈨徵瑞之事，得《豫

▦ 之 《睽》：

《易洞林》引例：014
來源：《郭氏洞林》卦例：002
時間：戊寅年
占事：余自通占國家徵瑞之事？

震宮：雷地豫（六合）　　　　　　　艮宮：火澤睽

本　　卦		變　　卦	
妻財庚戌土 ▤▤	×→	子孫己巳火 ▥▥	
官鬼庚申金 ▤▤		妻財己未土 ▤▤	
子孫庚午火 ▥▥	應	官鬼己酉金 ▥▥	世
兄弟乙卯木 ▤▤		妻財丁丑土 ▤▤	
子孫乙巳火 ▤▤	×→	兄弟丁卯木 ▥▥	
妻財乙未土 ▤▤	世 ×→	子孫丁巳火 ▥▥	應

案卦論之曰：會稽郡㉔當出鐘，以告成功，王者功成作樂。會稽，晉王初所封國，又會

稽山，靈祥之所興也。神出於家井者，子爻並，知此實王者受命之事也。上有銘勒㉕，坤爲

文章，與天子爻并，故知晉王受命之事準此。應在民間井池中得之，鐘出於民家㊉井中者，

以象晉王出家而王也。金以水爲子，子相扶而生，此即家之祥徵事也。繇辭㉖所謂㊉：「先

王㊢作樂崇德，殷薦之上帝㉗」。言王者祭天，以告成功，亦安樂無復事也。

其後歲在執徐㉘，會稽郡剡縣㉙陳青，井中得一鐘，長七寸四分，徑四寸半。器雖小，

形制甚精，上有古文奇書十八字，時人莫之能識。

蓋王者踐阼㉚，必有薦符，塞天下之心，與神物契合，然後可受命。

觀鐸啓號於晉陵㊑，鐘造㊕成於會稽，端㊄不失類，皆出以方。豈不偉哉！若夫鐸發其

響，鐘徵其象，器以數臻，事以實應㊅，天人合際，不可不察也。

並《周易啓蒙翼傳•外篇》引云：「前一則，洞林下卷之首，後一則，洞林下卷之終。

皆取其事體之重者載之，以見卜筮㉛之有關於國家也。」

案：《晉書‧郭璞傳》云：時元帝初鎮建鄴，導令璞筮之，遇《咸》之《井》：

《易洞林》引例：015
來源：《晉書‧郭璞傳》、參閱《郭氏洞林》卦例：001
占事：時元帝初鎮建鄴，導令璞筮之？

	兌宮：澤山咸		震宮：水風井	
伏神	本　　卦		變　　卦	
	父母丁未土 ▬▬ ▬▬ 應		子孫戊子水 ▬▬ ▬▬	
	兄弟丁酉金 ▬▬▬▬		父母戊戌土 ▬▬ ▬▬ 世	
	子孫丁亥水 ▬▬▬▬	○→	兄弟戊申金 ▬▬ ▬▬	
	兄弟丙申金 ▬▬▬▬ 世		兄弟辛酉金 ▬▬▬▬	
妻財丁卯木	官鬼丙午火 ▬▬▬▬	×→	子孫辛亥水 ▬▬▬▬ 應	
	父母丙辰土 ▬▬ ▬▬		父母辛丑土 ▬▬ ▬▬	

璞曰：「東北郡縣㉜有『武』名者，當出鐸㉝，以著受命之符。西南郡縣有『陽』名者，井當沸」。其後晉陵武進縣㉞人於田中得銅鐸五枚㉟，歷陽縣㊱中井沸，經日乃止。

及帝爲晉王，又使璞筮，遇《豫》之《睽》：

《易洞林》引例：016	
來源：《晉書•郭璞傳》、參閱《郭氏洞林》卦例：002	
震宮：雷地豫（六合）	艮宮：火澤睽
本　　卦	**變　　卦**

```
本        卦                          變        卦

妻財庚戌土 ▬▬ ▬▬          ✕→  子孫己巳火 ▬▬▬▬▬
官鬼庚申金 ▬▬ ▬▬              妻財己未土 ▬▬ ▬▬
子孫庚午火 ▬▬▬▬▬   應      官鬼己酉金 ▬▬▬▬▬   世
兄弟乙卯木 ▬▬ ▬▬              妻財丁丑土 ▬▬ ▬▬
子孫乙巳火 ▬▬ ▬▬          ✕→  兄弟丁卯木 ▬▬▬▬▬
妻財乙未土 ▬▬ ▬▬   世      ✕→  子孫丁巳火 ▬▬▬▬▬   應
```

璞曰：「會稽㊲當出鐘，以告成功，上有勒銘㊳，應在人家井泥中得之。繇辭所謂『先王以作樂崇德，殷薦之上帝㊴』者也」。及帝即位，太興初㊵，會稽剡縣㊶人果於井中得一鐘，長七寸二分，口徑四寸半，上有古文奇書十八字，云「會稽嶽命」，餘字時人莫識之。

璞曰：「蓋王者之作，必有靈符，塞天人之心，與神物合契，然後可以言受命矣。觀五鐸啟號於晉陵，棧鐘告成於會稽，瑞不失類，出皆以方，豈不偉哉！若夫鐸發其響，鐘徵其象，器以數臻，事以實應，天人之際，不可不察」。蓋撮洞林之文：「豈不偉哉。」以下二十二字，據《晉書》補。

注釋

①歲在甲子正月中：查《三千五百年曆日天象》表得知，晉永安元年爲甲子年，即公元304年。「正月中」，是指正月的中氣。古人把一年分爲24節氣，如正月立春爲節，雨水爲中氣。此記錄「甲子」與史實不符，以司馬睿於癸酉年（公元313年）任左丞相，則此占時間應該在癸酉年之後。

②丞相：指晉元帝司馬睿，時任左丞相。《晉書·帝紀第五》曰：「建興元年（公元313年，癸酉年）五月壬辰，以鎮東大將軍、琅邪王睿爲侍中、左丞相」。

③得《咸》之《井》：《晉書·列傳第四十二·郭璞》曰：「時元帝初鎮建鄴（按：公

元307年，丁卯年），導令璞筮之，遇《咸》之《井》，璞曰：「東北郡縣有『武』名者，當出鐸，以著受命之符。西南郡縣有『陽』名者，井當沸」。其後晉陵武進縣人於田中得銅鐸五枚，歷陽縣中井沸，經日乃止」。此卦記錄時間與史書記錄時間不符。

④ 郡（jūn）：縣和縣的幷稱。古代兩級行政單位，大體相當今天的省與縣。郡縣之名，初見於周。秦始皇統一中國，分國內為三十六郡，為郡縣政治之始，漢初封建制與郡縣制幷行，其後郡縣遂成常制。

⑤ 銅鐸六枚：銅制大鈴，形如鏡、鉦而有舌，古代宣布政教法令用的，亦為古代樂器。《晉書 • 列傳第四十二 • 郭璞》曰：「其後晉陵武進縣人於田中得銅鐸五枚」。此卦記錄六枚與史書記錄五枚不符。

⑥ 歷陽：古縣名，治所在今安徽和縣。

⑦ 門闕（quē）：古代宮殿、官府、祠廟、陵墓前由雙闕組成的出入口。

⑧ 刺史：古代官名。魏晉南北朝時期，以刺史領州，多帶使持節、持節、假節、都督諸軍事銜。隋文帝廢郡，以州領縣，則刺史與前代太守無異。

⑨ 蟹（xiè）：螃蟹。

⑩ 徵（zhēng）：預兆、迹象。

⑪ 祚（zuò）：帝位。

⑫ 丹徒縣：古縣名，在今江蘇省鎮江市。

⑬ 翕 (xī) 然駭 (hài) 動：大家一起都驚動。

⑭ 草蓐 (rù)：草墊子。

⑮ 吳興：郡名。三國‧吳‧寶鼎元年（公元 266 年）置。治所在烏程縣（今浙江吳興縣南）。

⑯ 臨安縣：今浙江臨安縣。

⑰ 晦 (huì) 日：農曆每月最後的一天。

⑱ 登阼 (zuò)：即位；登上皇位。

⑲ 晉陵令淳 (chún) 于伯：「建興四年（公元 316 年）十二月中，行丞相令史淳于伯刑于市，而血逆流長標。伯者小人，雖罪在未允，何足感動靈變，致若斯之怪邪」！參閱《晉書‧列傳第四十二‧郭璞》。

⑳ 建鄴：古地名。（今江蘇省南京市）晉太康二年（公元 281 年），秣陵縣被一分爲二，秦淮河以南稱秣陵，以北置建業，次年改稱建鄴。

㉑ 此條：指「歲在甲子正月中」條。

㉒ 攝提之歲：《爾雅》曰：「太歲在寅曰攝提格」。攝提即指寅年。此處指公元 318 年的戊寅年。

㉓ 晉王將即阼：晉元帝司馬睿，稱帝前爲晉王。建興五年（公元 317 年）丁醜三月，琅

邪王睿承制改元，稱晉王于建康。戊寅（公元318）年三月丙辰日，即皇帝位，改年號爲「太興」。參閱《晉書•帝記第五》、《晉書•帝記第六》。

㉔ 會（kuài）稽郡：古郡名，在今江浙地區。郡治吳縣（蘇州市姑蘇區），轄春秋時越國、吳國故地。西晉初會稽郡領十縣，僅轄今紹興、寧波一帶。

㉕ 銘勒：在金屬器物和石頭上雕刻的文字，圖形。

㉖ 繇（yáo）辭：卦兆的占詞。

㉗ 先王作樂崇德，殷薦之上帝，以配祖考：語出《易•豫•象曰》：「雷出地奮，豫。先王以作樂崇德，殷薦之上帝，以配祖考」。

㉘ 執徐：古代的記年名詞，指辰年。此處指庚辰年（公元320年）。

㉙ 剡（shàn）縣：古縣名。在今浙江嵊縣。

㉚ 踐阼：指皇帝即位。

㉛ 卜筮（shì）：古時預測吉凶，用龜甲稱卜，用蓍草稱筮，合稱卜筮。

㉜ 郡（jùn）縣：郡和縣的并稱。古代兩級行政單位，大體相當今天的省與縣。郡縣之名，初見于周。秦始皇統一中國，分國內爲三十六郡，爲郡縣政治之始，漢初封建制與郡縣制幷行，其後郡縣遂成常制。

㉝ 鐸（duó）：銅制大鈴，形如鏡、鉦而有舌，古代宣布政教法令用的，亦爲古代樂器。

㉞ 晋陵武進縣：古縣名。西晋永嘉五年（公元 311 年），因避東海王越世子毗（pí 同「毗」字）諱，以毗陵縣改名。治所在今江蘇常州市。

㉟ 銅鐸（duó）五枚：《郭氏洞林》曰：「有銅鐸六枚」，與史書記錄五枚不符。

㊱ 歷陽縣：古縣名，治所在今安徽和縣。

㊲ 會（kuài）稽：古郡名，在今江浙地區。郡治吳縣（蘇州市姑蘇區），轄春秋時越國、吳國故地。西晋初會稽郡領十縣，僅轄今紹興、寧波一帶。

㊳ 勒銘：指刻在金石上的銘文。

㊴ 先王以作樂崇德，殷薦之上帝：語出《易・豫・象曰》：「雷出地奮，豫。先王以作樂崇德，殷薦之上帝，以配祖考」。

㊵ 太興初：太興為晋元帝司馬睿的年號，從公元 318 至公元 321 年。《郭氏洞林》曰：「歲在執徐」，古代的記年名詞，執徐指辰年。則是指庚辰年（公元 320 年）。

㊶ 剡（shàn）縣：古縣名。在今浙江嵊縣。

校勘記

〇 「北」，原本作「此」，疑誤，據《周易啓蒙翼傳・外篇・郭氏洞林》原文改。

〇 「丙」，原本脱漏，據《周易啓蒙翼傳・外篇・郭氏洞林》原文補入。

㈢ 「而來」，原本脫漏，據《周易啓蒙翼傳•外篇•郭氏洞林》原文補入。

㈣ 「郡」，原本脫漏，據《周易啓蒙翼傳•外篇•郭氏洞林》原文補入。

㈤ 「康」，原本作「樂」，疑誤，據《周易啓蒙翼傳•外篇•郭氏洞林》原文改。

㈥ 「中」，原本脫漏，據《周易啓蒙翼傳•外篇•郭氏洞林》原文補入。

㈦ 「闕」，原本脫漏，據《周易啓蒙翼傳•外篇•郭氏洞林》原文補入。

㈧ 「城」，原本脫漏，據《周易啓蒙翼傳•外篇•郭氏洞林》原文補入。

㈨ 「家」，原本脫漏，據《周易啓蒙翼傳•外篇•郭氏洞林》原文補入。

㈩ 「家」，原本作「間」，疑誤，據《周易啓蒙翼傳•外篇•郭氏洞林》原文改。

⑾ 「繇辭所謂」，原本作「繇應謂」，疑誤，據《晉書•列傳第四十二•郭璞》原文改。

⑿ 「先王」，原本脫漏，據《周易啓蒙翼傳•外篇•郭氏洞林》原文補入。

⒀ 「陵」，原本作「陽」，疑誤，據《周易啓蒙翼傳•外篇•郭氏洞林》原文改。

⒁ 「造」，原本作「告」，疑誤，據《周易啓蒙翼傳•外篇•郭氏洞林》原文改。

⒂ 「端」，原本作「瑞」，疑誤，據《周易啓蒙翼傳•外篇•郭氏洞林》原文改。

⒃ 「實應」，《周易啓蒙翼傳•外篇•郭氏洞林》無，似爲本書補入。

易洞林補遺

惠懷之際①，河東②先擾。璞筮之，投策而歎曰：「嗟乎！黔黎將湮於異類，桑梓其剪爲龍荒乎！」於是潛結姻昵及交遊數十家，欲避地東南。

抵將軍趙固，會固所乘良馬死，固惜之，不接賓客。璞至，門吏不爲通。璞曰：「吾能活馬」。吏驚入白固。固趨出，曰：「君能活吾馬乎」？璞曰：「得健夫二三十人，皆持長竿，東行三十里，有邱林社廟者，便以竿打拍，當得一物，宜急持歸。得此，馬活矣」。固如其言，果得一物似猴，持歸。此物見死馬㊀，便噓吸其鼻。頃之馬起，奮迅嘶鳴，食如常，不復見向物。固奇之，厚加資給㊁。

《晉書·郭璞傳》不言《洞林》，以後文皆約用《洞林》占驗事，知此節亦取以爲言，據補。

璞既過江，宣城③太守④殷祐引爲參軍。時有物大如水牛，灰色卑腳，腳類象，有三甲，皆如驢蹄，赤色「有三甲」以下九字，據《初學記》補。胸前尾上皆白，大力而遲鈍，來到城下，衆咸異焉。祐使人伏而取之，令璞作卦，遇《遯》之《蠱》：

《易洞林》引例：017
來源：《初學記》、《晉書》。

	乾宮：天山遯				巽宮：山風蠱（歸魂）	
伏神	**本　卦**				**變　卦**	
	父母壬戌土	▬▬▬▬▬			妻財丙寅木 ▬▬　▬▬	應
	兄弟壬申金	▬▬▬▬▬	應	○→	子孫丙子水 ▬▬　▬▬	
	官鬼壬午火	▬▬▬▬▬		○→	父母丙戌土 ▬▬　▬▬	
	兄弟丙申金	▬▬▬▬▬			兄弟辛酉金 ▬▬▬▬▬	世
妻財甲寅木	官鬼丙午火	▬▬　▬▬	世	╳→	子孫辛亥水 ▬▬▬▬▬	
子孫甲子水	父母丙辰土	▬▬　▬▬			父母辛丑土 ▬▬　▬▬	

其卦曰：「《艮》體連《乾》，其物壯巨。山潛之畜，匪兕匪虎。身與鬼並，精見二午。法當爲禽，兩翼不許。遂被一創，還其本墅。按卦名之，是爲驢鼠」。卜適了，伏者以戟刺之，深尺餘，遂去不復見。郡綱紀⑥上祠，請殺之。巫云：「廟神不悅，曰：『此是邶亭驢山君鼠，使詣荆山，暫來過我，不須觸之』」。《晉書·郭璞傳》案：徐堅《初學記》

卷二十九引《洞林》曰：「宣城郡有隱鼠，大如牛，形似鼠，象脚，脚有三甲，皆如驢蹄。身赤，胸前尾上白」。白居易《六帖》卷九十八引云：「宣城郡有隱鼠，大如牛，似鼠，身赤，胸尾白」。皆文義不具，本傳所載頗詳。並據校錄。其精妙如此③。

祐遷石頭督護⑦，璞復隨之。時有鼯鼠出延陵⑧，璞占之曰：「此郡東當有妖人欲稱制者，尋亦自死矣。後當有妖樹生，然若瑞而非瑞，辛螫⑨之木也。儻⑩有此者，東南數百里必有作逆者，期明年矣」。無錫縣欻⑪有茱萸⑫四株交枝而生，若連理者，其年盜殺。吳興太守袁琇，或以問璞，璞曰：「卯爻發而沴⑬金，此木不曲直而成災也」。《晉書·郭璞傳》。

王導深重之⑭，引參己軍事。嘗令作卦，璞言：「公有震厄，可命駕西出數十里，得一柏樹，截斷如身長，置常寢處，災當可消矣」。導從其言。數日果震，柏樹粉碎。

庚⑭翼幼時嘗令璞筮公家及身，卦成，曰：「建元之末邱山傾，長順之初子凋零」。及康帝即位，將改元爲建元⑮，或謂庚冰曰：「子忘郭生之言邪？邱山上名，此號不宜用」。

冰撫心嘆恨。及帝崩，何充改元爲永和，庾翼歎曰：「天道精微，乃當如是。長順者，永和也，吾庸得免乎！」其年翼卒。冰又令筮其後嗣，卦成，曰：「卿諸子並當貴盛，然有白龍者，凶徵至矣。若墓碑生金，庾氏之大忌也」。後冰子蘊爲廣州刺史，妾房內忽有一新生白狗子，莫知所由來，其妾秘愛之，不令蘊知。狗長大，蘊入，見狗眉眼分明，又身至長而弱，異於常狗，蘊甚怪之。將出，共視在眾人前，忽失所在。蘊慨然曰：「殆白龍乎！庾氏禍至矣」。又墓碑生金。俄而爲桓溫所滅。並同上。

虎易按：「及康帝即位，將改元爲建元」，「及帝崩，何充改元爲永和」。考《晉書》記載，「建元」年號爲公元343至344年，「永和」年號始於345年，「其年翼卒。冰又令筮其後嗣」。《晉書·列傳第四十二·郭璞》記錄，郭璞死於「太寧二年（公元324年），不可能在345年爲庚冰「筮其後嗣」，說明史書記錄也存在舛錯顛倒之處。

王⑹文獻曾令郭⑺璞筮己一年⑻吉凶，璞曰：「當有小不吉利，可取廣州二大甖⑮⑼，盛水，置床帳二角，名曰鏡耗，以厭之。至⑩某時，撤甖⑪去水，如此，其災可消」。至日忘之，尋失銅鏡，不知所在。後撤去水，乃見所失鏡在於甖中。甖口數寸，鏡大尺餘。王公後

復令璞筮鏡囂之意。璞云：「撤⑬罝違期，故致此妖，邪魅所爲，無他故也」。使燒車轄，

而⑭鏡立出。陶潛《續搜神記》。案：此條亦本《洞林》，據補。

㈣。歐陽詢《藝文類聚》卷第八十九⑮。陶宗儀《說郛》載《洞林》第一節。

璞避難至新息⑯，有人以茱萸令璞射之。璞曰：「子如赤鈴含玄珠，案文言之是茱萸」

《御覽》魁篇另節文，陶氏誤收，今刪去。

太子洗馬⑰荀子驥家中，《說郛》引作荀子冀家中。以龍銅魁作食，嗽鳴。《太平御覽·卷

七百五十八》，《說郛》載《洞林》第二節，下有李尤《羹魁銘》曰：「羊羹不徧，駟馬長驅」。案：此乃

丞相從事中郎王文英家，枕自作聲。《太平御覽·卷七百七》。《說郛》載《洞林》第三節。

曲阿令趙元瞻，兒⑱字虎舒，從吾學卜，自求蓍作卦。見吾有盛艾小陵龜，欲得之，不

與，語之曰：「當作卦相爲致此物，令自來」。復數日，果有一龜入厠。虎舒後見吾言……

「偶有一物，試可占之，若得，當再拜，輸一好角弓」。即便⑲作卦，曰：「案卦之是爲

《易洞林》校注

八五

軀」。虎舒奉弓起，再拜。《太平御覽・卷三百四十七》。《說郭》載《洞林》第四節。

郭⑱璞爲左尉⑲周恭⑲《御覽》、《說郭》並作周恭。卜，云：「君且墮⑳馬傷頭」。尉後乘

馬行，黄昏，坂下有犢車觸馬，馬驚，頭打石上，流血殆死。《藝文類聚・卷十一》，《太平御

覽・卷三百六十四》，《說郭》載《洞林》第五節。

日爲流珠，青龍之俱⑲。《說郭》載《洞林》第六節。案：此條出魏伯陽《參同契》。《太平御覽》

卷三引亦作《參同契》。陶氏收入《洞林》，未知所據，姑依錄之。

東夷之人以牛骨占事，呈示吉凶，無往不中。牛非含智之物，骨有如此之效。《說郭》

載《洞林》第七節。案：《初學記》卷二十九。《太平御覽》卷七百二十六，又八百九十九，並引作「楊方

《五經鈎沈》」。陶氏收入《洞林》，姑依錄之。

趙朔善占卦氣，客有卜田者？得《履》之四：

《易洞林》引例：018
來源：《說郛》載《洞林》第八節。
占事：有卜田者？

艮宮：天澤履

伏神	本　　卦	
	兄弟壬戌土 ▅▅▅	
妻財丙子水	子孫壬申金 ▅▅▅	世
	父母壬午火 ▅▅▅	○→
	兄弟丁丑土 ▅ ▅	
	官鬼丁卯木 ▅▅▅	應
	父母丁巳火 ▅▅▅	

艮宮：風澤中孚（遊魂）

變　　卦	
官鬼辛卯木 ▅ ▅	
父母辛巳火 ▅▅▅	
兄弟辛未土 ▅ ▅	世
兄弟丁丑土 ▅ ▅	
官鬼丁卯木 ▅▅▅	
父母丁巳火 ▅▅▅	應

朔曰：「子歸有逸豚」。已而果然。《說郛》載《洞林》第八節。

虎易按：「得《履》之四」，《周易洞林》作「得《履》之《巽》」。閱中國書店

1986年版《說郛》，無《洞林》內容，因此無法確認，暫時各自保留，待查得古籍原

版內容後，再做校對改正。

水不下澗，雲不登天，沉泥⊕致寇⊕，官守不堅。虞世南《北堂書鈔》引《易筮⊖卦洞林》。

虎易按：《北堂書鈔·卷第一百五十九·地部三·泥篇十四》曰：「《易筮卦洞

林》曰：水不下澗，雲不登天，沉泥致寇，官守不堅。「○今案：俞本作泥沉，寇字空

一口，餘同玉函山房輯《洞林》，寇字亦然」」。

臨淮⑳太守柳道明，令郭㉑璞作卦，說之曰：「法君婦當㉒夢嫁」。問之果然。便教令取

井底泥泥竈，欲常應道。即㉓如法，日中塗之，至黃昏火凡十起，燒㉔竈室兩間而止，其婦果

亡。《北堂書鈔》。

虎易按：《新鍥纂集諸家全書大成斷易天機·洞林秘訣論飛伏》曰：「道明占

《晉》之《剝》卦，婦當夢嫁祥要也」。

柳道明占《晉》之《剝》卦：

《易洞林》引例：019
來源：《洞林秘訣》占例：001

	乾宮：火地晉（遊魂）		乾宮：山地剝	
伏神	**本　卦**		**變　卦**	
父母壬戌土	官鬼己巳火		妻財丙寅木	
	父母己未土		子孫丙子水	世
官鬼壬午火	兄弟己酉金	世 ○→	父母丙戌土	
	妻財乙卯木		妻財乙卯木	
	官鬼乙巳火		官鬼乙巳火	應
	父母乙未土	應	父母乙未土	

《晉》系遊魂，遊魂主夢。四世己酉屬金，原係本宮壬午火，係乾家丈夫。第四變

《剝》丙戌土，是火鬼墓。己酉身安在丈夫墓上，而不見丈夫。壬戌土，鬼墓金，己巳火

鬼，而在墓上出，所以夢嫁也者，去尋丈夫也。問之，果然應所言。

此郭景純謀察伏神，使鬼神無所可逃形影。

卷縣㉑令施安置鑷，《御覽》作「上懷鑷」。令璞射之。璞曰：「非簪非釵，常在領下，鬢

髮飾物，是有兩歧」。《北堂書鈔·卷一百三十六》、《太平御覽·卷七百二十四》引作此。是鑷，是有

兩歧。朱氏《經義考》云：《洞林》之文有三言者，如「簪非簪、釵非釵」，與下文句不協，殊誤。

虎易按：《太平御覽·卷七百二十四·服用部十六》：「《洞林》曰：卷縣令施安

上懷鑷，令郭璞射之。璞曰：此是鏡物，有兩歧」。

《北堂書鈔·卷第一百三十六·服飾部五·鑷子六十八》：曰：「非簪非釵。《洞林》

曰：卷縣令施安上懷鑷，令郭璞射之，璞曰：『非簪非釵，常在領㉒下，段髟㉓鬢，是鐵物，有

兩歧』」。○今案：《御覽七百十四》引，無非簪，以下但接云，「此是鏡物，有兩歧」

玉函山房輯《洞林》，謂從《書鈔》引「上懷」二字，作置領誤領，刪段字，下作鬢髮飾

物，是有兩歧。此不過據陳本。抑知陳俞已破句矣。又案：「景純所射，是長短句法，當以釵

為句，鬚為句，物為句，歧為句，段疑作斷，然據說文，段，椎物也，義亦可通」。

《漢上易傳叢說》曰：又筮遇《節》之《噬嗑》：

《易洞林》引例：020

來源：《漢上易傳叢說》。

坎宮：水澤節（六合）		巽宮：火雷噬嗑	
本　　卦		**變　　卦**	
兄弟戊子水 ▆▆ ▆▆	╳→	妻財己巳火 ▆▆▆▆▆	
官鬼戊戌土 ▆▆▆▆▆	○→	官鬼己未土 ▆▆ ▆▆	世
父母戊申金 ▆▆ ▆▆	應 ╳→	父母己酉金 ▆▆▆▆▆	
官鬼丁丑土 ▆▆ ▆▆		官鬼庚辰土 ▆▆ ▆▆	
子孫丁卯木 ▆▆▆▆▆	○→	子孫庚寅木 ▆▆ ▆▆	應
妻財丁巳火 ▆▆▆▆▆	世	兄弟庚子水 ▆▆▆▆▆	

曰：「簪非簪，釵非釵，此以內卦兌言也。兌爲金，大抵斷卦當先自內」。又曰：「在下頭斷髭鬚。所謂頭者，坎中之乾也。鬚者，在首下而裔也柔，坎也」。

東中郎參軍周稚琰⑧，封蠶蛾載蟲㉔，使璞射之，璞曰：「射覆得此大落度，必是蟲蛾及毛蟲」。稚琰⑨饒鬚，故因以調之也」。《太平御覽・卷三百七十四》，《藝文類聚・卷六十五》引首二句，作「中郎參軍周稚琰封蠶蛾，令吾射之」。

《易洞林》引例：021
來源：《太平御覽·卷四百九十六》。

坤宮：雷天大壯（六沖）	坤宮：澤天夬
本　　卦	**變　　卦**
兄弟庚戌土 ▅▅ ▅▅	兄弟丁未土 ▅▅ ▅▅
子孫庚申金 ▅▅ ▅▅ ╳→	子孫丁酉金 ▅▅▅▅▅ 世
父母庚午火 ▅▅▅▅▅ 世	妻財丁亥水 ▅▅ ▅▅
兄弟甲辰土 ▅▅▅▅▅	兄弟甲辰土 ▅▅▅▅▅
官鬼甲寅木 ▅▅▅▅▅	官鬼甲寅木 ▅▅▅▅▅ 應
妻財甲子水 ▅▅▅▅▅ 應	妻財甲子水 ▅▅▅▅▅

殷鴻喬令吾作卦，得《大壯》之《夬》：

語之云㉓：「慎勿與許姓者㉔共事田作也，必鬭相傷」。殷還宣城，遂與許姓共田，田熟有所爭，此人舉杖欲撞之，喬退思中間之戒，辭謝，僅乃得休。《太平御覽・卷四百九十六》。

吳興太守袁玄㉕瑛當之官㉕，卜㉕卦吉凶，曰：「㉕至官，當有㉕赤蛇爲妖，不可殺」。至，果有赤蛇在銅虎符石函上蟠㉖㉕，玄㉕瑛摘㉗㉕殺之。其後果爲賊徐馥所害。《太平御覽・卷八百八十五》。

殷鴻業來作卦。「身在申，本命酉，乘馬南行西北走，逕趨木家化爲狗，賴子求之不成咎」。洪業丁酉生。後八月中，有急事，借馬南出行數里，馬欻驚。更西北走向戌地，入李家，遂落地，馬因齧㉘之。主人出，得免不見傷也。《太平御覽》卷八百九十三。

揚州從事慎曜伯婦病，因經日發作，有時如聞物往來者。其兄周彥武令人㉘作卦，得

《蹇》：

《易洞林》引例：022
來源：《太平御覽》。
占事：卜弟婦病？

兌宮：水山蹇

伏　神	本　卦	
	子孫戊子水 ▬▬　▬▬	
	父母戊戌土 ▬▬　▬▬	
	兄弟戊申金 ▬▬　▬▬	世
	兄弟丙申金 ▬▬　▬▬	
妻財丁卯木	官鬼丙午火 ▬▬▬▬▬	
	父母丙辰土 ▬▬　▬▬	應

身在戊戌，與坎鬼並卦中，當有從東北田家市黑狗畜之，以代人㉗，任患死。當有

無幾時，狗便死。復更養如前，凡三遇㉗養，輒皆吐血而死，婦亦病差㉙。《太平御覽·卷

九百五》。

虎易按：《寒》卦世爻屬陰，則月卦身爲「酉」，其論「身在戊戌」有誤。《寒》卦五爻

父母戊戌土，在《坎》卦五爻，則爲官鬼戊戌土，因此，稱爲「與坎鬼並卦中」。

《易洞林》引例：023

來源：《太平廣記》。

占事：令兒來卜婦病？

伏神	本　卦 巽宮：山雷頤（遊魂）		變　卦 坤宮：地雷復（六合）	
	兄弟丙寅木	○→	官鬼癸酉金	
子孫辛巳火	父母丙子水		父母癸亥水	
	妻財丙戌土	世	妻財癸丑土	應
官鬼辛酉金	妻財庚辰土		妻財庚辰土	
	兄弟庚寅木		兄弟庚寅木	
	父母庚子水	應	父母庚子水	世

鄉里人柳休祖婦①病鼠瘻，積年不差。及困垂命，令兒來從吾乞卜。《太平廣記》引作：

「有日者柳休祖善卜筮，其妻曾病鼠瘻，積年不差，漸困垂命，休祖遂占之」。占得《頤》之《復》：

案卦：應得人師姓石者而治之，《廣記》作「按卦曰：應得姓石者治之」。當以鼠出《廣記》

作：「當獲灸鼠」。而愈者㉘也。休祖兒歸，有一賤家奴姓石，自言由來能治此病，《廣記》無

「休祖兒歸」句，作「既而鄉里有一賤家，果姓石，自言能除此病」。且灸其三處而止，《廣記》作

「遂灸病者頭上三處」。婦尋差。有一老鼠，色正蒼黃，逕就其前，蹲蹲㉚《廣記》作「覺佳，

俄有一鼠，色黃秀㉙，逕前，噞噞然」。伏而不動，呼狗㉙齧《廣記》作「噬」。殺之，鼠頭有灸處，

病便差。《廣記》作「視鼠頭上，有三灸處，病者自差」。《太平御覽·卷九百十一》。《太平廣記·卷

二百十六》。

之《小過》：

寧遠參軍弘⊗景則，其姊適吳，病四十餘年，暫來歸，在其家。令吾卦之，得《明夷》

《易洞林》引例：024
來源：《太平御覽》。
占事：卜姊病？

	坎宮：地火明夷（遊魂）	兌宮：雷山小過（遊魂）
伏神	本　卦	變　卦
	父母癸酉金 ▬▬　▬▬	官鬼庚戌土 ▬▬　▬▬
	兄弟癸亥水 ▬▬　▬▬	父母庚申金 ▬▬　▬▬
	官鬼癸丑土 ▬▬　▬▬ 世 ╳→	妻財庚午火 ▬▬▬▬▬ 世
妻財戊午火	兄弟己亥水 ▬▬▬▬▬	父母丙申金 ▬▬　▬▬
	官鬼己丑土 ▬▬　▬▬	妻財丙午火 ▬▬　▬▬
	子孫己卯木 ▬▬▬▬▬ 應 ○→	官鬼丙辰土 ▬▬　▬▬ 應

然病每欲動時，輒有烏來鳴，即便發作。案卦中，當時㊲得獨蹄猪畜之。原注：「江東名之爲獨足猪」。後婦人如欲眠，而見一丈夫，衣服盡黑㊶，在戶前立。遙呼婦人，語其來前不肯，言有所畏，遂泣而去。病始小間㉛。吾與殷侯共論此事，曰：「烏，日之禽；猪，月畜。水火相忌，自然之數。故取玄陰之伏物，用消太陽之飛精。日中三脚，故以獨足者當之」。《太平御覽·卷九百二十》。吳淑《事類賦·卷十九·烏賦注》景則上脱「宏」字，「其姊」下脱「適吳」二字，無「暫來歸，在其家」，及「然病至發作」三句。「畜之」下有「如其言」句；「如欲眠」作「始眠」，下無「而」字，「盡黑」下脱「在戶前」句；「來」下有「前」字，「言」字不疊；「吾與」句作「吾嘗論此事」；「禽」上無「之」字；「取」上無「故」字；「消」上無「用」字；「三脚」作「三足」。

晉㊳中宗爲丞相時，府中有雞將雛，《御覽》、《事類賦注》並作「丞相府有將雛雞」，據《廣記》訂補。雀飛集《御覽》脱「集」字。其背上，驅之，去復來《廣記》作「驅而復來」，《事類賦注》脱「去」字，茲據《御覽》。如此再三，令璞占之，曰：《廣記》作「占者云」，《御覽》脱「曰」字，據《事類賦注》補。「雞者酉，酉者金，夫雀變而來赴之，此晉王踐祚㉜之象也。「雞者」三句，《御覽》、《事類賦注》並脱，據《廣記》補。末句《廣記》作「即王」，《御覽》、《事類賦注》作「即祚之漸」，互校訂。《太平御覽·卷九百二十二㊴》，《太平廣記·卷一百三十五》，《事類賦·卷十九·雀賦注》。

流移道路，諸人並欲令郭璞射覆，人人自持五月五日蜘蛛者。物悉驗，遂不復射。《太平御覽·卷九百四十八㊉》。

元帝時，三雀共登一雄雞背，三入安東廳。占者以爲當進三爵爲天子。《太平廣記·卷一百三十五》。

《易洞林》引例：025

來源：《搜神記》。

占事：卜顧球娣生十年便病？

伏神	震宮：澤風大過（遊魂）本　　卦		震宮：地風升變　　卦	
	妻財丁未土 ▬▬　▬▬		官鬼癸酉金 ▬▬　▬▬	
	官鬼丁酉金 ▬▬▬▬▬	○→	父母癸亥水 ▬▬　▬▬	
子孫庚午火	父母丁亥水 ▬▬▬▬▬ 世	○→	妻財癸丑土 ▬▬　▬▬ 世	
	官鬼辛酉金 ▬▬▬▬▬		官鬼辛酉金 ▬▬▬▬▬	
兄弟庚寅木	父母辛亥水 ▬▬▬▬▬		父母辛亥水 ▬▬▬▬▬	
	妻財辛丑土 ▬▬　▬▬ 應		妻財辛丑土 ▬▬　▬▬ 應	

楊州別駕顧球姊㊀，生十年，便病，至年㊁五十餘，令郭璞筮㊂。得《大過》之《升》：

其辭曰：「大過卦者義不嘉，塚墓枯楊無英華。振動遊魂見龍車，身被重累嬰妖㊻邪。

法由斬祀殺靈蛇，非己之咎先人瑕，案卦論之可奈何」。球乃迹訪㊼其家事，先世曾伐大

樹，得大蛇殺之，女便病。病後，有群鳥數千，迴翔屋上，人皆怪之，不知何故。有縣農行

過舍邊，仰視，見龍牽車，五色晃爛。其㊾大非常。有頃遂滅。《太平廣記・卷二百十六》引《搜

神記》。按：亦採自《洞林》，據補。

注釋

①惠懷之際：指晉惠帝司馬衷（259 年－307 年）與晉懷帝司馬熾（284 年－313 年）交

　替之間（304-310）。

②河東：古地區名。黃河流經山西省境，自北而南，故稱山西省境內黃河以東的地區爲「河東」。

③宣城：即宣城郡的簡稱。東漢設置，後廢。晉太康元年（280）複置。太康二年（281 年）

　分丹陽郡置，治所在宛陵縣（今安徽省宣城市）。轄境相當今安徽省長江以東的宣城、

　廣德、寧國、太平、石台等市縣地。

④太守：官名。秦置郡守，漢景帝時改名太守，爲一郡最高的行政長官。

⑤兕（sì）：古書上所說的雌犀牛。

⑥郡綱紀：古代公府及州郡主簿。

⑦ 石頭督護：石頭：古地名。在今江蘇南京市。督護：武官名。晉置。爲方面鎮將的部將。

⑧ 延陵：古邑名，大約在今常州、江陰等吳地沿江一帶地區。

⑨ 辛螫（shì）：毒蟲刺螫人。

⑩ 儻（tǎng）：假設，如果。

⑪ 欻（xū）：忽然。

⑫ 欻（xū）有茱萸（zhū yú）：忽然有茱萸。欻：忽然，快速。茱萸：植物名。香氣辛烈，可入藥。

⑬ 沴（lì）：克，傷害。

⑭ 庚（yǔ）：姓。

⑮ 罌（yīng）：古代大腹小口的酒器。

⑯ 新息：古縣名。春秋息國，在今河南息縣西南。漢置縣。治所移今河南息縣，改名新息。晉爲汝南郡治所。

⑰ 太子洗馬：官名。漢置，太子屬官。《後漢書·百官志四》：「太子洗馬，比六百石。」本注曰：《舊注》云，員十六人，職如謁者。太子出，則當直者在前導威儀」。

⑱ 左尉（wèi）：古代官名，掌管軍事。

⑲ 日爲流珠，青龍之俱：《周易參同契·龍虎兩弦章第九》原文：「汞日爲流珠，青龍

與之俱」。

⑳臨淮：西漢始有臨淮其名。元狩六年（前 117 年即漢武帝劉徹在位第六年），設置臨淮郡，淮陰、射陽縣屬臨淮郡，盱眙為臨淮郡都尉治所。

㉑卷（quān）縣：古縣名。本戰國魏邑。西漢置縣。治所在今河南省原陽縣舊原武西北，北魏太平真君時廢。

㉒頷（hàn）：下巴頦（kē）。

㉓髭（zī）鬚：髯子。唇上曰髭，唇下為鬚。

㉔蚝（cì）蟲：一種毛蟲，刺蛾科黃刺蛾的幼蟲。俗稱「洋辣子」。

㉕之官：上任，前往任所。

㉖蟡（yì）：屈曲，環繞。

㉗剔（tī）：捶。

㉘齧（niè）：同「嚙」，咬。

㉙差（chài）：病愈。後作「瘥」。

㉚踜踜：此字，《漢典》無音義。

㉛病始小間：病稍愈。

㉜踐祚（jiàn zuò）：即位，登基。

校勘記

〔一〕「死馬」，原本作「馬死」，疑誤，據《晉書‧列傳第四十二‧郭璞》原文改。

〔二〕「資給」，原本作「資給行」，疑誤，據《晉書‧郭璞傳》原文改。

〔三〕「其精妙如此」，原本脫漏，據《晉書‧郭璞傳》原文補入。

〔四〕「之」，原本作「璞」字，疑誤，據《晉書‧郭璞傳》原文改。

〔五〕「將改元爲建元」，原本作「將元爲元」，疑誤，據《晉書‧郭璞傳》原文改。

〔六〕「王」，原本脫漏，據《續搜神記‧卷二》原文補入。

〔七〕「郭」，原本脫漏，據《續搜神記‧卷二》原文補入。

〔八〕「一年」，原文作「一年中」，疑誤，據《續搜神記‧卷二》原文改。

〔九〕「罌」，原本作「甖」，疑誤，據《續搜神記‧卷二》原文改。後文遇此字，直接改，不另說明。

〔十〕「至」，原本脫漏，據《續搜神記‧卷二》原文補入。

〔十一〕「罌」，原本脫漏，據《續搜神記‧卷二》原文補入。

〔十二〕「罌口數寸，鏡大尺餘。王公復令璞筮鏡罌之意。璞云：撤」，原本脫漏，據《續搜神記‧卷二》原文補入。

〔十三〕「而」，原本作「以擬」，疑誤，據《續搜神記‧卷二》原文改。

㊤ 「子如赤鈴含玄珠，案文言之是茱萸」，原本作「子如小玲含元珠，構支言之是茱萸」，疑誤，據《北堂書鈔·卷第一百五十九·地部三》原文改。

㊥ 「卷第八十九」，原本作「卷八百六十」，疑誤，以上內容出自《藝文類聚·卷第八十九·木部下》據此改。

㊦ 「兒」，原本作「兒子」，疑誤，據《太平御覽·卷三百四十七》原文改。

㊧ 「便」，原本作「使」字，疑誤，據《太平御覽·卷三百四十七》原文改。

㊨ 「郭」，原本脫漏，據《藝文類聚·卷十七·人部一》原文補入。

㊩ 「恭」，原本作「都」，疑誤，據《藝文類聚·卷十七·人部一》原文改。

㊪ 「且墮」，原本作「墜」，疑誤，據《藝文類聚·卷十七·人部一》原文改。

㊫ 「沉泥」，原本作「泥沉」，疑誤，據《北堂書鈔·卷第一百五十九·地部三》原文改。

㊬ 「寇」，原本作「口」字，疑誤，據《北堂書鈔·卷第一百五十九·地部三》原文改。

㊭ 「筮」，原本脫漏，據《北堂書鈔·卷第一百五十九·地部三》原文補入。

㊮ 「郭」，原本脫漏，據《北堂書鈔·卷第一百五十九·地部三》原文補入。

㊯ 「當」，原本作「常」，疑誤，據《北堂書鈔·卷第一百五十九·地部三》原文改。

㊰ 「即」，原本作「明」，疑誤，據《北堂書鈔·卷第一百五十九·地部三》原文改。

㊱ 「燒」，原本脫漏，據《北堂書鈔·卷第一百五十九·地部三》原文補入。

⑱「琰」，原本作「玉」，疑誤，據《太平御覽・卷三百七十四》原文改。

⑲「琰」，原本脫漏，據《太平御覽・卷三百七十四》原文補入。

⑳「雲」，原本作「曰」，疑誤，據《太平御覽・卷四百九十六・人事部一百三十七》原文。

㉑「者」，原本脫漏，據《太平御覽・卷四百九十六・人事部一百三十七》原文補入。

㉒「元」，原本作「元」，疑誤，據《太平御覽・卷八百八十五・妖異部一》原文改。

㉓「玄」，原本作「元」，疑誤，據《太平御覽・卷八百八十五・妖異部一》原文改。

㉔「卜」，原本作「筮」，疑誤，據《太平御覽・卷八百八十五・妖異部一》原文改。

㉕「玄」，原本作「元」，疑誤，據《太平御覽・卷八百八十五・妖異部一》原文改。

㉖「蟠」，原本脫漏，據《太平御覽・卷八百八十五・妖異部一》原文補入。

㉗「有」，原本作「主」，疑誤，據《太平御覽・卷八百八十五・妖異部一》原文改。

㉘「曰」，原本作「曰法」，疑誤，據《太平御覽・卷八百八十五・妖異部一》原文改。

㉙「摘」，原本作「摘」，疑誤，據《太平御覽・卷八百八十五・妖異部一》原文改。

㉚「人」，原本作「吾」，疑誤，據《太平御覽・卷九百五・獸部十七》原文改。

㉛「人」，原本作「之」，疑誤，據《太平御覽・卷九百五・獸部十七》原文改。

㉜「遇」，原本作「過」，疑誤，據《太平御覽・卷九百五・獸部十七》原文改。

㉝「婦」，原本作「父」，疑誤，據《太平御覽・卷九百二十一・獸部二十三》原文改。

㉞「者」，原本脫漏，據《太平御覽・卷九百二十一・獸部二十三》原文補入。

㊷「秀」，原本作「考」，疑誤，據《太平廣記•卷第二百十六•卜筮一》原文改。

㊸「狗」，原本作「犬」，疑誤，據《太平御覽•卷九百十一•獸部二十三》原文改。

㊹「弘」，原本作「宏」，疑誤，據《太平御覽•卷九百二十》原文改。

㊺「時」，原本脫漏，據《太平御覽•卷九百二十•羽族部七》原文補入。

㊻「黑」，原本作「墨」，疑誤，據《太平御覽•卷九百二十•羽族部七》原文改。

㊼「不肯」，原本作「不肯言」，疑誤，據《太平御覽•卷九百二十•羽族部七》原文改。

㊽「晉」，原本脫漏，據《太平廣記•卷第一百三十五•征應一（帝王休征）》原文補入。

㊾「《太平御覽•卷九百二十二》」，疑誤，據原文所在卷改。

㊿「《太平御覽•卷九百四十八》」，原本作「《太平御覽•卷九百四十六》」，疑誤，據原文所在卷改作。

(51)「姊」，原本作「娣」，疑誤，據《搜神記•卷三》原文改。

(52)「年」，原本脫漏，據《搜神記•卷三》原文補入。

(53)「令郭璞筮」，原本作「令璞筮之」，疑誤，據《搜神記•卷三》原文改。

(54)「妖」，原本作「天」，疑誤，據《搜神記•卷三》原文改。

(55)「迹訪」，原本作「訪迹」，疑誤，據《搜神記•卷三》原文改。

(56)「其」，原本作「甚」，疑誤，據《搜神記•卷三》原文改。

校注參考文獻資料

《周易》
《晉書》
《元史》
《爾雅》
《說郛》
《後漢書》
《初學記》
《事類賦》
《周易洞林》
《周易本義》
《太平御覽》
《藝文類聚》
《北堂書鈔》
《續搜神記》

心一堂易學術數古籍整理叢刊　京氏易六親占法古籍校注系列

《周易參同契》

《郭氏洞林》（《欽定四庫全書》本）

《郭氏洞林》（《欽定古今圖書集成》本）

《周易古筮考》

《周易啓蒙翼傳》

《漢上易傳叢說》

《三千五百年曆日天象》

《新鍥纂集諸家全書大成斷易天機》

心一堂術數古籍珍本叢刊　第一輯書目

編號	書名	作者	說明
91	地學形勢摘要	心一堂編	形家秘鈔珍本
92	《平洋地理入門》《巒頭圖解》合刊	【清】盧崇台	平洋水法、形家秘本
93	《鑒水極玄經》《秘授水法》合刊	【唐】司馬頭陀、【清】鮑湘襟	千古之秘，不可妄傳匪人
94	平洋地理闡秘	心一堂編	雲間三元平洋形法秘鈔珍本
95	地經圖說	【清】余九皋	形勢理氣、精繪圖文
96	司馬頭陀地鉗	【唐】司馬頭陀	流傳極稀《地鉗》
97	欽天監地理醒世切要辨論	【清】欽天監	公開清代皇室御用風水真本
三式類			
98－99	大六壬尋源二種	【清】張純照	六壬入門、占課指南
100	六壬教科六壬鑰	【民國】蔣問天	由淺入深，首尾悉備
101	壬課總訣	心一堂編	
102	六壬秘斷	心一堂編	過去術家不外傳的珍稀六壬術秘鈔本
103	大六壬類闡	心一堂編	
104	六壬秘笈——韋千里占卜講義	【民國】韋千里	六壬入門必備
105	壬學述古	【民國】曹仁麟	依法占之，「無不神驗」
106	奇門揭要	心一堂編	集「法奇門」、「術奇門」精要
107	奇門行軍要略	【清】劉文瀾	條理清晰、簡明易用
108	奇門大宗直旨	劉毗	天下孤本 首次公開
109	奇門三奇干支神應	馮繼明	虛白廬藏本《秘藏遁甲天機》
110	奇門仙機	題【漢】張子房	奇門不傳之秘 應驗如神
111	奇門心法秘纂	題【漢】韓信（淮陰侯）	
112	奇門廬中闡秘	題【三國】諸葛武侯註	
選擇類			
113－114	儀度六壬選日要訣	【民國】張九儀	清初三合風水名家張九儀擇日秘傳
115	天元選擇辨正	【清】一園主人	釋蔣大鴻天元選擇法
其他類			
116	述卜筮星相學	【民國】袁樹珊	民初二大命理家南袁北韋
117－120	中國歷代卜人傳	【民國】袁樹珊	南袁之術數經典

編號	書名	作者	說明
178	《星氣(卦)通義(蔣大鴻秘本四十八局圖并打劫法)》《天驚秘訣》合刊	題【清】蔣大鴻 著	江西興國真傳三元風水秘本
179	蔣大鴻嫡傳天心相宅秘訣全圖附陽宅指南等秘書五種	【清】蔣大鴻編訂、【清】汪云吾、劉樂山註	蔣大鴻徒張仲馨傳陽宅風水「教科書」
180	家傳三元地理秘書十三種	【清】蔣大鴻傳、【清】華湛恩	真天宮之秘　千金不易之寶
181	《挨星金口訣》附《堪輿指南》《天心正運》	【清】章仲山傳、【清】華湛恩	直洩無常派章仲山玄空風水之秘
182	《家傳三元古今名墓圖集附謝氏水鉗》《王元極增批補圖七十二葬法訂本》《蔣氏三元名墓圖集》合刊	【民國】王元極	秘中秘——玄空挨星真訣公開!字字千金!
183–184	《山洋指迷》足本兩種附《尋龍歌》(上)(下)	(清)孫景堂,劉樂山,張稼夫	蔣大鴻嫡傳風水宅案、幕講師、蔣大鴻、姜垚等名家多個實例,破禁公開!
185–186	《山洋指迷》(上)(下)	【明】周景一	風水巒頭形家必讀《山洋指迷》足本!
187–196	蔣大鴻嫡傳水龍經注解　附　虛白廬藏珍本水龍經四種(1-10)	【清】蔣大鴻原著、【清】楊臥雲、汪云吾、劉樂山註	蔣大鴻嫡傳一脈授徒秘笈　希世之寶 / 千年以來,師師相授之秘旨,破禁公開! / 完整了解蔣氏嫡派真傳一脈三元理、法、訣 / 附已知最古《水龍經》鈔本等五種稀見
197	批注地理辨正直解	【清】章仲山	無常派玄空珍秘
198	《天元五歌闡義》附《元空秘旨》(清刻原本)	【清】章仲山	
199	心眼指要(清刻原本)	【清】章仲山	
200	華氏天心正運	【清】華湛恩	無常派玄空必讀經典未刪改本!
201–202	批注地理辨正再辨直解合編(上)(下)	【清】蔣大鴻原著、【清】章仲山直解、【清】姚銘三再註	失傳姚銘三玄空經典重現人間!
203	章仲山注《玄機賦》附《元空秘旨》《口訣中秘訣》《因象求義》等九種合刊	【清】章仲山	近三百年來首次公開!章仲山無常派玄空秘密,和盤托出! / 章仲山注《玄機賦》及筆記
204	章仲山門內真傳《三元九運挨星篇》《運用篇》《挨星定局篇》《口訣篇》等合刊	【清】章仲山	章仲山無常派玄空下卦起星等挨星秘訣
205	章仲山門內真傳《大玄空秘圖訣》《天驚訣》《飛星要訣》《九星斷略》《得益錄》等合刊	【清】章仲山	
206	撼龍經真義	吳師青註	近代香港名家吳師青必讀經典
207	章仲山嫡傳《翻卦挨星圖》《秘鈔元空秘旨》附《秘鈔天元五歌闡義》	【清】章仲山傳、【清】王介如輯	章仲山無常派玄空嫡傳本來面目有別於錯誤極多的坊本
208	章仲山嫡傳秘鈔《秘圖》《節錄心眼指要》合刊	【清】章仲山	透露章仲山家傳玄空嫡傳學習次弟及關鍵　不傳之秘
209	《談氏三元地理大玄空實驗》附《談養吾秘稿奇門占驗》	【民國】談養吾撰	了解談氏入世的易學卦德爻象思想
210	《談氏三元地理濟世淺言》附《打開一條生路》	【民國】談養吾撰	
211–215	《地理辨正集註》附《六法金鎖秘》《巒頭指迷真詮》《作法雜綴》等(1-5)	【清】尋緣居士	史上首次公開「無常派」下卦起星等挨星秘密之書 / 集地理經典之精華　匯巒頭及蔣氏、六法、無常、湘楚等秘本 / 史上最大篇幅的《地理辨正》註解
216	三元大玄空地理二宅實驗(足本修正版)	【民國】尤惜陰(演本法師)、榮柏雲撰	三元玄空無常派必讀經典足本修正版

編號	書名	作者	提要
217	挨星撮要（蔣徒呂相烈傳）	【清】呂相烈	蔣大鴻門人呂相烈三元秘本　三百年來首次破禁公開！
218	蔣徒呂相烈傳《幕講度針》附《元空秘斷》《陰陽法竅》《挨星作用》		
219-221	《沈氏玄空挨星圖》《沈註章仲山宅斷未定稿》《沈氏玄空學（四卷原本）》合刊（上中下）	【清】沈竹礽　等	揭開沈氏玄空挨星五行吉凶斷的變化及不同用法、章仲山宅斷未刪本、沈氏玄空學原本佚文、玄空挨星圖稿鈔本　大公開！
222	地理穿透真傳（虛白廬藏清初刻原本）	【清】張九儀	三合天星家宗師張九儀畢生地學精華結集
223-224	地理元合會通二種（上）（下）	【清】姚炳奎	分發兩家（三元、三合）之秘，會通其用；精詳解注羅盤（蔣盤、賴盤）；義理、斷驗俱
其他類			
225	天運占星學　附 商業周期、股市粹言	吳師青	天星預測股市，神準經典
226	易元會運	馬翰如	《皇極經世》配卦以推演世運與國運
三式類			
227	大六壬指南（清初木刻五卷足本）	【清】	六壬學占驗課案必讀經典海內善本
228-229	甲遁真授秘集（批注本）（上）（下）	【清】薛鳳祚	明清皇家欽天監秘傳奇門遁甲　奇門、易經、皇極經世結合經典
230	奇門詮正	【民國】曹仁麟	簡易、明白、實用，無師自通！
231	大六壬探源	【民國】袁樹珊	民初三大命理家袁樹珊研究六壬四十餘年代表作
232	遁甲釋要	【民國】徐昂	推衍遁甲、易學、洛書九宮大義！
233	《六壬卦課》《河洛數釋》《演玄》合刊	【民國】莊企喬	疏理六壬、河洛數、太玄隱義！
234	六壬指南【民國】黃企喬	【民國】黃企喬	失傳經典　大量實例
選擇類			
235	王元極校補天元選擇辨正	原【清】謝少暉輯、【民國】王元極	三元地理天星選日必讀
236	王元極選擇辨真全書　附 秘鈔風水選擇訣	【民國】王元極	王元極天昌館選擇之要旨
237	蔣大鴻嫡傳天星選擇秘書注解三種	【清】楊臥雲、汪云吾、劉樂山註	蔣大鴻陰陽二宅天星擇日日課案例！
238	增補選吉探源	【民國】袁樹珊	按表檢查，按圖索驥：簡易、實用！
239	《八風考略》《九宮撰略》《九宮考辨》合刊	沈瓞民	會通沈氏玄空飛星立極、配卦深義
其他類			
240	《中國原子哲學》附《易世》《易命》	馬翰如	國運、世運的推演及預言

心一堂術數古籍整理叢刊

書名	作者	校註／整理
全本校註增刪卜易	【清】野鶴老人	李凡丁（鼎升）校註
紫微斗數捷覽（明刊孤本）附點校本	傳【宋】陳希夷	馮一、心一堂術數古籍整理小組點校
紫微斗數全書古訣辨正	傳【宋】陳希夷	潘國森辨正
應天歌（修訂版）附格物至言	【宋】郭程撰　傳	莊圓整理
壬竅	【清】無無野人小蘇郎逸	劉浩君校訂
奇門祕覈（臺藏本）	【元】佚名	李鏘濤、鄭同校訂
臨穴指南選註	【清】章仲山　原著	梁國誠選註
皇極經世真詮—國運與世運	【宋】邵雍　原著	李光浦

心一堂當代術數文庫

心一堂 易學經典文庫　已出版及即將出版書目

宋本焦氏易林（上）（下）	【漢】	焦贛
周易易解（原版）（上）（下）	【清】	沈竹礽
《周易示兒錄》附《周易說餘》	【清】	沈竹礽
三易新論（上）（中）（下）	【清】	沈瓞民
《周易孟氏學》《周易孟氏學遺補》《孟氏易傳授考》	【漢】	沈瓞民
京氏易八卷（清《木犀軒叢書》刊本）	【漢】	京房
京氏易傳古本五種	【漢】	京房
京氏易傳箋註	【民國】	徐昂
推易始末	【清】	毛奇齡
刪訂來氏象數圖說	【清】	張恩霨
周易卦變解八宮說	【清】	吳灌先
易觸	【清】	賀子翼
易義淺述		何遯翁

《易洞林》校注

一二一